BEST INTRODUCTION TO ECONOMY

［入門］ 見る 読む 深く わかる

仮想通貨のしくみ

頼藤 太希
YORIFUJI TAIKI

日本実業出版社

まえがき

本書を手にとってくださりありがとうございます。

仮想通貨は「価値のインターネット」あるいは「未来のお金」といわれてきました。2017年は「仮想通貨元年」と呼ばれ、ビットコインと中心とした仮想通貨バブルがおき、その後2018年にバブルは弾けました。たとえば、ビットコインにフォーカスすると、2017年1月に10万円程度だったものが、同年12月には25倍の250万円をつけたほどです。その後、各国の規制強化、仮想通貨取引所「コインチェック」や「ザイフ（Zaif）」から仮想通貨の流出、米中貿易摩擦によるリスクオフなどさまざまな要因で、大幅に価格が下落していきました。

ただ、バブルが弾けたとはいえ、仮想通貨の価値がゼロになったわけではなく、価格は一定ラインで下げ止まりを見せています。

私は、日本でここまで仮想通貨が人気になったのは「億り人（おくりびと）」と呼ばれる人の存在が大きいと考えています。億り人とは、本来、仮想通貨に限らず、「投資」で1億円の資産を築いた人を指しています。しかし、2017年には仮想通貨で1億円稼いだという「億り人」が多数出現し、それがツイッターなどのSNSで拡散されたり、ニュースメディア・雑誌に大々的に取り上げられたりしたため、多くの人の頭に「仮想通貨＝カンタンに儲かる」というイメージがつき、いままで投資をしたことがない人にも広まっていったというわけです。

しかし、バブル崩壊の結果、多くの方が損失を被ったことでしょう。また、多くの方が正しい知識を持っていないことをいいことに、仮想通貨に関連した詐欺事件も多発しました。消費者庁のレポートによれば、2017年の相談件数は2769件だったそうです。泣き寝入りしている数も含めれば1万件以上あってもおかしくないでしょう。

短期間で、億り人が多数出てくるようなタイミングは過ぎたといえます。

そうはいっても、仮想通貨に用いられるブロックチェーン技術などは、インターネットに次ぐ革命といわれるとおり、魅力あふれる対象です。私も非常に期待しています。

本書では、仮想通貨やブロックチェーン技術などに魅力を感じている読者のために、できる限り平易な表現で解説することを心がけました。仮想通貨の解説本・投資本や仮想通貨を特集する雑誌も多く、インターネット上でも仮想通貨に関するウェブメディアや記事が乱立していますが、網羅的に初心者でもわかりやすく解説している書籍はないと思います。仮想通貨のしくみや用途、既存の通貨や電子マネーとの違い、投資法などがやさしく解説された入門書として、ぜひともお役立てください。

私は現在、株式会社マネーアンドユー（Money & You）の代表取締役を務めています。この会社は、書籍、各種メディア、講演、相談などさまざまなチャネルを通して、「個人のお金の知性を高める」サポートに注力しています。女性向けお金の総合相談サイト「ＦＰ Ｃａｆｅ」、月間100万ＰＶを超える女性向けマネーメディア「Ｍｏｃｈａ」などを運営しています。また、企業向けにコンテンツマーケティング支援なども行ない、Ｂ to Ｂ to Ｃに力を入れています。

前職はアメリカンファミリー生命保険会社（アフラック）であり、新卒から資産運用リスク管理部に6年間所属していました。業務内容は、10兆円を超える金融資産（債券、株式、投資信託、不動産、オプション等）を相手に、金融工学を駆使したリスク管理業務です。

日本人のほとんどは、お金の教育を受けずに社会に出るので、お金との向き合い方（金融リテラシー）を会得していません。金融リテラシーが乏しいと、自分にとって不利な金融商品を買わされたり、お金に振りまわされたりしてしまい、不都合な生活を送ることになります。

いま金融経済の環境は、マイナス金利時代に突入し、物価上昇は進み、銀行にただ預けておくだけではお金の価値がどんどん下がる時代が到来しています。人口減少・少子高齢化も加速していて、老後にもらえる年金は少なくなり、いずれはもらえなくなるかもしれません。

私は、日本人の金融リテラシーを向上させ、自分が本当に願う人生を歩むことができる社会を実現するべく活動していますが、本書もその一助となることを願ってやみません。


本書を執筆するにあたり、ご協力いただいた有限会社ＪＯＹｎｔの鈴木雅光さんには心から感謝いたします。また、いつも私を支えてくれている株式会社マネーアンドユーのメンバー、仕事仲間、家族、友人、知人にもこの場を借りてお礼を申し上げます。

二〇一九年一月

頼藤太希

1章 そもそも「仮想通貨」って何だ？

1-1 仮想通貨はどうやって生まれたのか……010
暗号によって「価値の保証や流通」が可能になるという試みだった

1-2 仮想通貨は本当に「通貨」なのか……013
お金のもつ3つの「役割」を満たし、「価値が保証」されれば、通貨として成り立つ

1-3 仮想通貨のしくみはこうなっている……018
3段階のしくみによって「仮想通貨」は成り立っている

1-4 仮想通貨はクレジットカードとどう違うのか……023
さまざまな点が異なるが、どちらにも長所・短所がある

1-5 電子マネーと仮想通貨はどう違うのか……027
電子マネーは独自の通貨ではなく、日本円とヒモ付けされたもの

1-6 ポイントやゲーム内通貨とどう違うのか……031
最大の違いは、換金できるかどうか

1-7 仮想通貨は金（Gold）に似ている？……035
発行量の上限があることなど、仮想通貨と金は似ている点も多い

1-8 仮想通貨はどのように使われているのか……038
大きな用途は、①海外送金、②買い物などの決済、③投資（投機）の3つ

1-9 仮想通貨はどうやって入手するのか……041
「取引所を通じて買う」というのが最も現実的な手段

1-10 投機対象としての仮想通貨……045
ファンダメンタルズ要因とは無関係に、たんなる需給バランスでのみ価格が決まる

1-11 仮想通貨の課題……049
世界中の多くの国で仮想通貨はさまざまに規制されている

1-12 仮想通貨の税金はこうなっている……057
取引で差益が出た場合は雑所得として総合課税される

2章 仮想通貨のプラットフォーム「ブロックチェーン」のしくみと問題点

2-1 ブロックチェーンとハッシュ関数の役割……062
改ざんを防止するための合理的なしくみ

2-2 ハッシュレートとは何か？……066
マイニングマシンの計算力、採掘速度のことを意味する

2-3 コンセンサス・アルゴリズムとは何か？……068
「取引が正しい」と判断する人を決める方法のこと

2-4 課題① トランザクションとブロックの分岐……071
トランザクション性能が低いのには理由があるのだが……

2-5 ソフトフォークによって何が起こる？……075
ブロックチェーンの仕様を変えずに、仮想通貨をバージョンアップさせる方法

2-6 課題② 51％問題……078
悪意を持ったマイナーが意図的にブロックを分裂させること

2-7 課題③ リプレイアタック問題……082
ブロックチェーンが同じ「秘密鍵」を用いている場合に起こる

2-8 課題④ ビザンチン将軍問題……086
分散型のネットワークで合形成を図る際に、不正な情報や信憑性の低い情報をどう防ぐか

2-9 仮想通貨の発行量には上限がある？……090
デフレ通貨とインフレ通貨のどちらにも一長一短がある

2-10 ライトニングネットワーク……094
二者間取引のペイメントチャネルを複数つくる技術

3章 これだけある仮想通貨の種類

3-1 仮想通貨はビットコインだけではない……098
さまざまな種類があり、その数は１９００種類を超えている

3-2 「アルトコイン」と「草コイン」とは？……103
ビットコイン以外のものを呼ぶときの俗称

3-3 草コインは投機対象にさえなれない？……108
大半の草コインがまったく見向きもされないまま消えていく

3-4 ハードフォークで分裂して誕生した仮想通貨のほうが良い？……111
投資するなら二者択一ではなく、両方を分散して保有するのがいい

3-5 国内の仮想通貨取引所で売買できる仮想通貨……115
ビットコイン以外にもたくさんある

3-6 ステーブルコインとは？……124
円やドルなどの法定通貨に連動する仮想通貨

3-7 匿名コインとは？……128
プライバシーに配慮した仮想通貨のこと

3-8 匿名性はいいこと？ 悪いこと？……132
プライバシーを守ることが、犯罪を助長させることもある

4章 仮想通貨の取引のしかたと成功のポイント

4-1 仮想通貨の買い方・売り方とリスク……136
価格変動以外にもリスクがあることに注意
4-2 仮想通貨の取引にかかる手数料……141
「取引手数料無料」には注意が必要
4-3 取引所選びの7つのポイント……145
資金流出事件に巻き込まれないためにはどうすればいいのか?
4-4 セキュリティ3点セット……151
仮想通貨を入れる「財布」の安全性を保つために必要なことは?
4-5 取引通貨の選び方……154
基本的には時価総額が大きいものを選ぶことが大切
4-6 少額積立投資を始めてみよう……157
タイミングを気にせずに投資できる手法
4-7 投資割合は総資産の1割程度に抑える……161
コアサテライト戦略で資産全体をコントロールすることが大切
4-8 仮想通貨の送金・受け取りと保管場所……163
送金先のアドレスが間違っていても、返金されないことに注意
4-9 仮想通貨の値動きの特徴を押えておく……167
需給に大きく左右されることに注意
4-10 最終的にいつ売るのかを考えておく……171
買った仮想通貨は、売ることではじめて利益（または損失）が確定する
4-11 口座開設から購入手続きまで①……175
手続きの前に必要なものを揃えておこう
4-12 口座開設から購入手続きまで②……177
会員登録をして本人確認書類を送ろう
4-13 口座開設から購入手続きまで③……178
安全な取引のために二段階認証を設定しよう
4-14 口座開設から購入手続きまで④……179
スマホ・携帯電話で電話番号を認証しよう
4-15 口座開設から購入手続きまで⑤……180
郵送で届く本人確認コードを入力しよう
4-16 口座開設から購入手続きまで⑥……181
購入代金の引き落とし口座を登録しよう
4-17 口座開設から購入手続きまで⑦……182
どの仮想通貨をいくら購入するか

5章 仮想通貨に投資する際の注意点

5-1 話題のICOは詐欺に注意 …… 184
証券会社や証券取引所などの審査を必要としない分、安全性が低い

5-2 雑所得のわな …… 188
他の投資商品に比べて儲かったときの税率が高い

5-3 レバレッジはかけないこと …… 191
大きく儲けられる可能性はあるが、破産してしまうこともある

5-4 ウォレットを紛失したら? …… 193
「秘密鍵」をメモして保管しておけば大丈夫

5-5 通信が切れたり間違ったアドレスに送ってしまったりしたら? …… 196
送金した仮想通貨が戻ってこないことも……

5-6 取引所が破綻した場合はどうなるのか …… 199
分別管理がなされていれば大丈夫だが……

5-7 取引所による価格差で儲けられる? …… 202
送金に時間がかかるので、現実的にはむずかしい

装丁・DTP／村上顕一

BEST INTRODUCTION TO ECONOMY

1章 そもそも「仮想通貨」って何だ？

SECTION

1-1 仮想通貨はどうやって生まれたのか

暗号によって「価値の保証や流通」が可能になるという試みだった

仮想通貨はビットコインだけではない

「仮想通貨＝ビットコイン」と思っている人はたくさんいます。それだけビットコインの存在感が大きいということでしょう。

2018年時点で仮想通貨は1900種類以上もあるといわれます。ビットコインはそのなかの一つにすぎません。日々の取引高の大きさで見ると、ビットコイン、イーサリアム、リップル……というように、ビットコインがいちばん大きくなっています。また、時価総額で見ても、ビットコイン、リップル、イーサリアム……というように、やはりビットコインがいちばん大きくなっています。

しかし、ここではまず、いま仮想通貨といわれているもののなかには、ビットコインのほかにも、誰も知らないような名前のものも、相当数あることを理解しておいてください。

なぜ、そんなことになっているのかを知るために、仮想通貨の歴史をみていきましょう。

仮想通貨は2009年に誕生

仮想通貨の考え方がこの世に生まれたのは2008年です。暗号通貨について議論するメーリングリストで「**サトシ・ナカモト**」なる人物が論文を発表し、これが2009年に誕生した「**ビットコイン**」につながっています。

最初は世界中で使える通貨として想定され

仮想通貨の時価総額ランキング（上位40位）

順位	名称	時価総額（億円）	順位	名称	時価総額（億円）
1	Bitcoin	69,964	21	Zcash	339
2	XRP	14,899	22	Tezos	298
3	Ethereum	14,693	23	Waves	285
4	Bitcoin Cash	2,563	24	Dogecoin	273
5	EOS	2,406	25	VeChain	248
6	Stellar	2,282	26	Bitcoin Gold	230
7	Litecoin	2,211	27	TrueUSD	221
8	Tether	2,112	28	Ontology	216
9	TRON	1,987	29	Qtum	208
10	Bitcoin SV	1,445	30	OmiseGO	196
11	Cardano	1,263	31	Zilliqa	186
12	IOTA	951	32	0x	175
13	Binance Coin	851	33	Basic Attention Token	166
14	Monero	827	34	Decred	165
15	Dash	692	35	Lisk	152
16	NEO	563	36	Paxos Standard	144
17	NEM	552	37	Bitcoin Diamond	136
18	Ethereum Classic	524	38	Chainlink	135
19	USD Coin	378	39	Nano	130
20	Maker	350	40	Bytecoin	129

2019年1月10日時点
出所：CoinMarketCapより著者作成

ていたわけではなく、実験の意味合いが強かったといわれています。しかし、暗号システムが評価され、共感する研究者や団体が現れたことなどにより、徐々に価値が高まり、実際に取引に使われるようになっているという具合です。

サトシ・ナカモトがどういう人物なのかについては、謎に包まれたままです。日本人なのか、外国人なのか、本名なのか、偽名なのかもわかりません。

ビットコインそのものはデジタルデータのかたまり（ビット）ですが、インターネット上で通貨のように使えることから「コイン」という名がついています。

ただ、通貨といっても政府や中央銀行が管理しているのではなく、その製造と取引に暗号のしくみを使うことによって、管理者がいなくとも「価値の保証や流通」が可能になるという試みでした。

●最初のビットコインの取引はピザ2枚

２０１０年5月22日、フロリダのプログラマーが、1万ＢＴＣでピザ2枚（25ドル）を購入しました。これによってビットコインは、法定通貨と同様、お金の役割のひとつである「交換手段」をもつことが確認されたのです。

当時のビットコインの価格は、1ＢＴＣ＝0・2円でしたから、ピザ2枚が1万ＢＴＣということは、円建ての価格が２０００円であり、妥当な水準といえました。

その後、記憶に新しいとおり、２０１７年12月にかけて、ビットコインの価格は驚異的な値上がりを見せ、最高値は1ＢＴＣ＝２２６万４９６５円をつけました。このときの価格で計算すると、ピザ2枚の値段は２２６億４９６５万円になります。

投機的な背景もあったとはいえ、ビットコイン（仮想通貨）に対する期待感が当初よりは相当高まっていることがよくわかります。

SECTION 1-2

仮想通貨は本当に「通貨」なのか

お金のもつ3つの「役割」を満たし、「価値が保証」されれば、通貨として成り立つ

●そもそも通貨とは何か？

仮想通貨は「通貨」という名がついている以上、当然のことですが、通貨としての側面を持ち合わせています。

そもそも「通貨（お金）」とは何でしょうか。

現在は、モノを買いたい場合、対価としてお金を支払って手に入れるのが一般的ですが、はるか昔には、お金は存在していませんでした。では、当時の人々はモノを手に入れたい場合どうしていたかというと、「物々交換」によってモノを手に入れていました。米と肉、大根と人参という具合に、自分のモノと相手のモノを交換して欲しいモノを手にいれていたのです。

ただし、なかには、ウサギ1匹と牛1頭という具合に釣り合わない交換もできます。また、自分が持っているモノが、相手が欲しいモノとは限りません。そうすると、交渉は成立せず、モノを手に入れることはできません。

そこで、「モノとモノを交換する際に共通の価値のあるもの」として考えだされたのが**「お金」**です。最初は、貝殻や石、骨などが使われ、現在の形に至っています。

こうして考えだされたお金は、現在では、通貨とは「流通貨幣の略称で、国家もしくは、その地の統治主体によって価値が保証された、決済のための価値交換媒体」と定義されてい

●通貨の3大機能

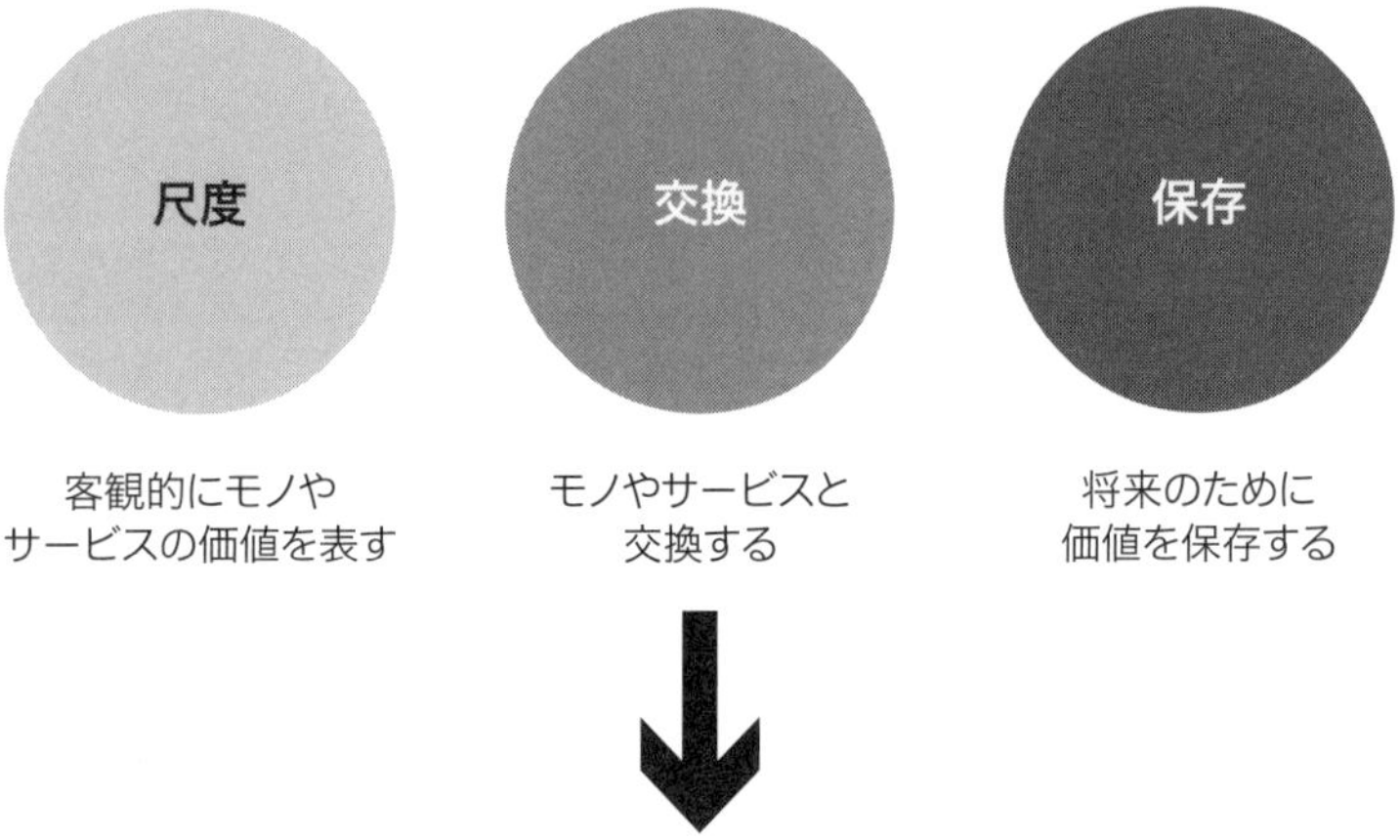
尺度
交換
保存
客観的にモノやサービスの価値を表す
モノやサービスと交換する
将来のために価値を保存する

これに加えて……

通貨として認識されるためには、
「価値が保証されている」
と認められることが必要

出所：著者作成

KEY WORD

為替レート：異なる2つの通貨を交換（売買）するときの交換比率。為替レートは売買の状況に応じて上昇したり下落したりする。
法定通貨：日本の円、アメリカのドル、EU圏のユーロのように、各国・地域で決済手段として使われる通貨のこと。

ます。

この定義から、通貨には3つの役割があることがわかります。①価値の交換機能、②価値の保存機能、③価値の尺度機能がそれです。

①価値の「交換機能」

これはモノやサービスを交換したり、それらの価値に対して報酬を支払ったりする機能で、価値の貸し借りにも使われます。仮想通貨がこの機能をもつことについては前述したように、ビットコインでピザ2枚を買ったプログラマーによって実証されました。

②価値の「保存機能」

これはいつまでも変わらずに価値の額面がある（たとえば100円はいつまでも100円）ことと、必要なときにいつでも取り出して使えることにより、それを持ち続けることによって価値を保存できる機能のことです。

購入した仮想通貨が、その交換価値を保つしくみは、2章で解説するように、その発行数が有限であることによって担保されています。

③価値の「尺度機能」

これは、モノやサービスの価値が誰にでもわかるように示す、共通の「価値のものさし」のことで、商品やサービスの値打ちや価値を決めるための尺度になるという意味です。

「このサービスは1回1万円」、「この商品は1000円」などというように、モノやサービスには押し並べて値段が付けられており、それによってお金は、割高、割安の判断材料を提供してくれます。

仮想通貨も、価値を保存し、交換する機能を持っていることにより、価値の尺度となることができるはずです。逆にいうと、価値の尺度機能を共有している者のあいだにおいて、価値の交換がスムーズに行なわれるともいえます。

価値が保証されていることも必要

では、これらの3つの役割を満たしていれば、「お金」と認識されるのでしょうか?

実はもうひとつ、通貨が通貨として認識されるためには、「価値が保証されている」と認められることが必要です。

現在、通貨は主に国が発行しますが、そもそも通貨を発行する発行体に信頼がなければ、通貨の価値は保証されません。たとえば、世界でも経済力がある日本が発行する日本円は、日本人だけではなく、世界各国の人にも信頼され、その価値が認められています。ドルも基軸通貨として世界中の人から価値があると認められている通貨です。

一方で信用力がない国が発行している通貨や、あまり知られていない国の通貨はどうでしょうか?

おそらく、日本円やドルほど価値が認められませんから、多くの人はそれを持ちたがりませんし、交換価値も認められにくいので、流通しないでしょう。通貨の価値は、国の信用力によって決まっているわけです。

つまり、見方を変えれば、お金がもつ3つの役割を満たし、価値が保証されるものであれば、通貨として成り立つということです。これらの条件が満たされれば、お札や硬貨ではなくても通貨として認められるということですから、その対象はネット上のデジタルデータであってもいいわけです。こうして生まれたのが新しいお金である「仮想通貨」なのです。

価値の尺度機能には課題あり

ところで、価値の尺度機能については、そのもの自体の交換価値がある程度安定していないと、十分に果たすことができません。
その点、２０１７年以降の仮想通貨の価格の投機的な上昇と急激な下落は問題だといえます。

ＢＴＣ／円のレートを見ると、２０１４年から２０１６年の秋口くらいまでは、１ＢＴＣ＝４万〜６万円程度で推移していましたが、２０１６年12月に１ＢＴＣ＝10万円台に乗せ、２０１７年12月には最高値の１ＢＴＣ＝２５４万円まで上昇しました。

この過程で、仮想通貨に興味を持った方も多いと思います。

しかし、上昇相場はそこまで。２０１８年に入ってからは急落し始め、同年２月19日には１ＢＴＣ＝62万円台まで下落したのです。その後、短期的には１００万円台を回復したものの、直近の２０１８年12月末時点では40万円前後で推移しています。

このように、短期間で価格が乱高下してしまうようなものを、共通の「価値のものさし」として安心して用いることができるのでしょうか。

あるモノ・サービスに２ＢＴＣの値段が付いていたとして、１ＢＴＣ＝１００万円だったら２ＢＴＣ＝２００万円ですが、ある日、いきなり１ＢＴＣ＝20万円にまで急落したら、同じモノ・サービスの値段は、２ＢＴＣ＝40万円になってしまいます。これでは、安心してモノやサービスを買うことはできなくなるでしょう。

つまり昨今のように仮想通貨の相場が乱高下をしているような状態では、仮想通貨には、「価値の保存機能」と「価値の交換機能」は備わっているものの、「価値の尺度機能」については不十分だといわざるをえません。その点において、仮想通貨を法定通貨と同様の決済手段と見るのは、少なくとも現段階においては無理があります。

SECTION

1-3 仮想通貨のしくみはこうなっている

3段階のしくみによって「仮想通貨」は成り立っている

仮想通貨には発行者も管理者もいない

私たちが普段使用している通貨は、中央銀行（日本でいえば日本銀行）や国が発行・管理をし、電子マネーは企業が発行・管理をしています。しかし、仮想通貨には発行者も管理者も存在しません。

一般的な通貨でも偽造や盗難対策は重要で、紙幣には高度な印刷技術や特殊な紙が用いられています。同様に、仮想通貨においてもデジタルデータにはつきものである偽造やハッキングの防止をする必要があります。そのために、仮想通貨ではある種の「暗号」が用いられています。

また、通貨として発行・流通させることについては、発行・管理者がいないために、「自動的に流通する」しくみが必要です。

以上を前提として、仮想通貨のしくみを理解するには、3段階に分けて考える必要があります。仮想通貨の代表である「ビットコイン」を例にとって考えてみましょう。

①電子署名を用いて、ビットコインを送る
②取引をブロックチェーンに記録する
③ブロックチェーン改ざん防止のために、プルーフ・オブ・ワーク（PoW）の計算を行なう

まず、①の「**電子署名**を用いて、ビットコ

インを送る」です。

インターネット上で仮想通貨の受け渡しをするためには、「送金したのは署名者で、他の人ではないこと」、「通信途中で金額などの書き換えがないこと」、「送金者は、送金した事実を後になって否認できないこと」の3点が必須となります。「なりすまし」「改ざん」「否認」を防ぐために必要なのが電子署名だということです。

次に、②の「取引を**ブロックチェーン**に記録する」です。

これは第三者による取引記録の改ざんを防ぐためのシステムであり、世界中に存在するユーザーによって維持されています。

簡単にいうと、取引の記録を収めた「台帳」をみんなで分散して共有し、みんなで記録・監視しているために、改ざんができないというシステムです。取引記録は「ブロック」と呼ばれ、それが「鎖（チェーン）」のようにつながれているので、ブロックチェーンと呼ばれます。

最後に、③の「ブロックチェーン改ざん防止のために、**プルーフ・オブ・ワーク**の計算を行なう」についてです。

プルーフ・オブ・ワークを直訳すると「仕事量による証明」です。これは、悪意のあるハッキング等による偽造を防ぐために、「偽造するためにはより多くの仕事量を費やさなければならない」ようにすることによって、偽造を防止しているということです。

プルーフ・オブ・ワークを実行する人を「**マイナー**（採掘者）」と呼び、この行為を「**マイニング**（採掘）」と呼びます。

マイニングとは、「特定条件を満たすランダムな数字を計算するための作業」であり、コンピュータの計算能力と、コンピュータを動かすための電気を大量に使います。このマイニングに報酬を与えることによって、悪事を働くよりも、正解を出して報酬を得るほうが、経済的メリットが大きくなるように設計されているため、偽造を防ぐことができるというわけです。

ちなみに、なぜ「採掘」というのかというと、マイナーに支払われる報酬の一部が新規に発行されたビットコインであり、あたかも金を採掘するようにたとえられるためです。

この報酬制度のしくみによって、世界中にマイナーが大勢存在するため、ブロックチェーンのシステムが成り立っています。

こうした一連のしくみがあることによって、通貨としての機能を維持するとともに、「その通貨を欲しがる人がいる」という状態をつくり、その需要の多寡によって価値が維持されています。

その結果、仮想通貨には発行者も管理者も存在しないにもかかわらず、発行・流通が自主的に行なわれる（自動化されている）のです。

●法定通貨と仮想通貨の違い

	法定通貨（円）	仮想通貨（ビットコインの場合）
管理者	中央銀行など	なし
発行量	上限なし。単位は円。	2100万枚と上限あり。単位はBTC。
発行のしくみ	事実上、無制限に国家が発行できる	マイニングにより発行
額面	一定。1円未満のやりとりはできない	0.0001BTCなど、小さな単位でもやりとり可能
受け渡し方法	物理的なやりとり	ネットワーク上のやりとり
利用場所	主に日本国内	全世界の取り扱い店
保管方法	財布や金融機関の口座	電子財布や取引所の口座
強制通用力	あり	なし
偽造や二重使用の防止方法	特殊な紙、印刷技術	暗号技術、ブロックチェーン技術

出所：著者作成

ブロックチェーンのしくみ

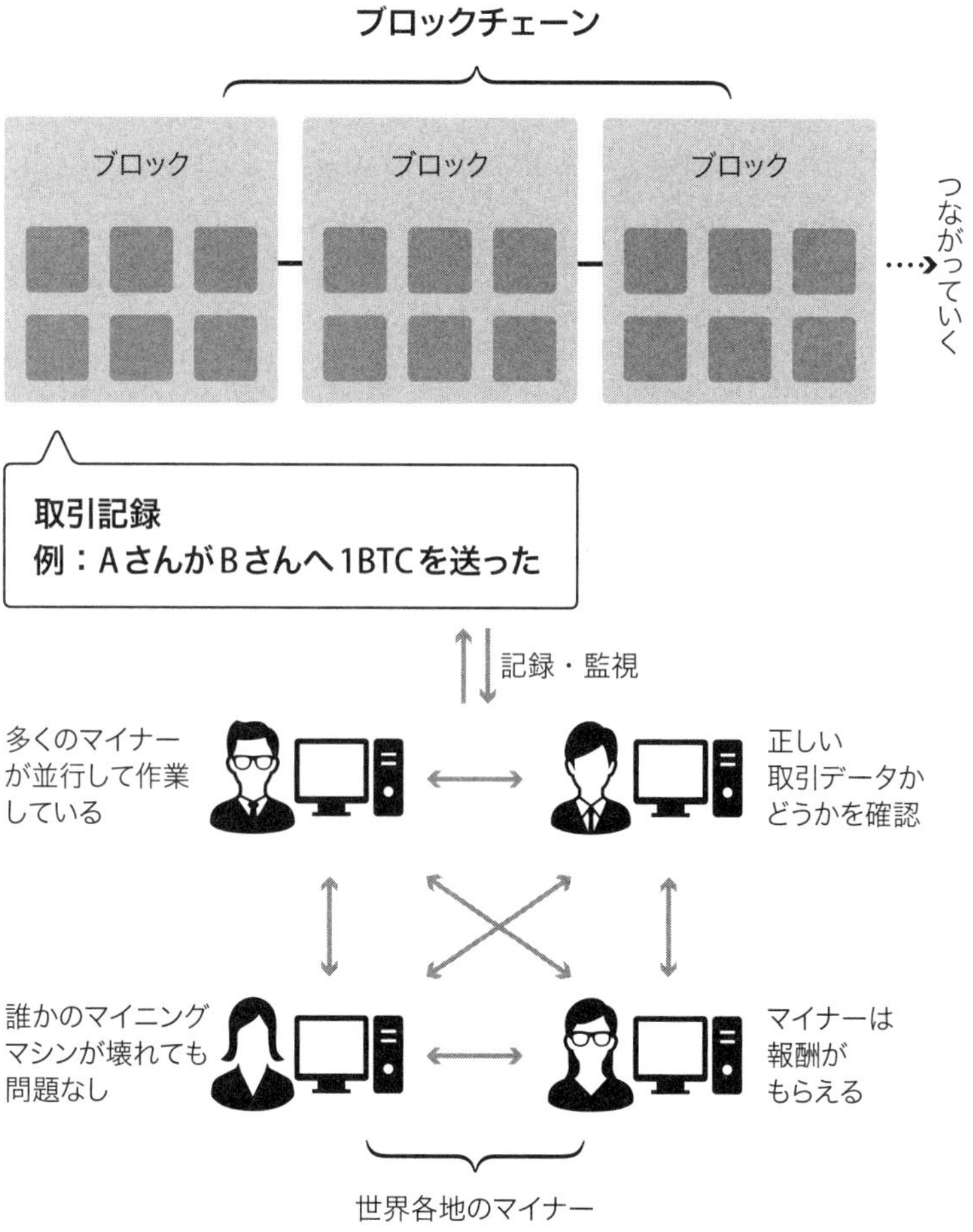

出所：著者作成

●プルーフ・オブ・ワークのしくみ

●プルーフ・オブ・ワーク (Proof of Work=PoW)

仮想通貨の取引が正しいかどうかを検証する作業

むずかしい計算問題を最初に解いた人に報酬が与えられる

計算によって報酬を「掘り出す」イメージからこの作業をマイニング、作業をする人をマイナーと呼ぶ

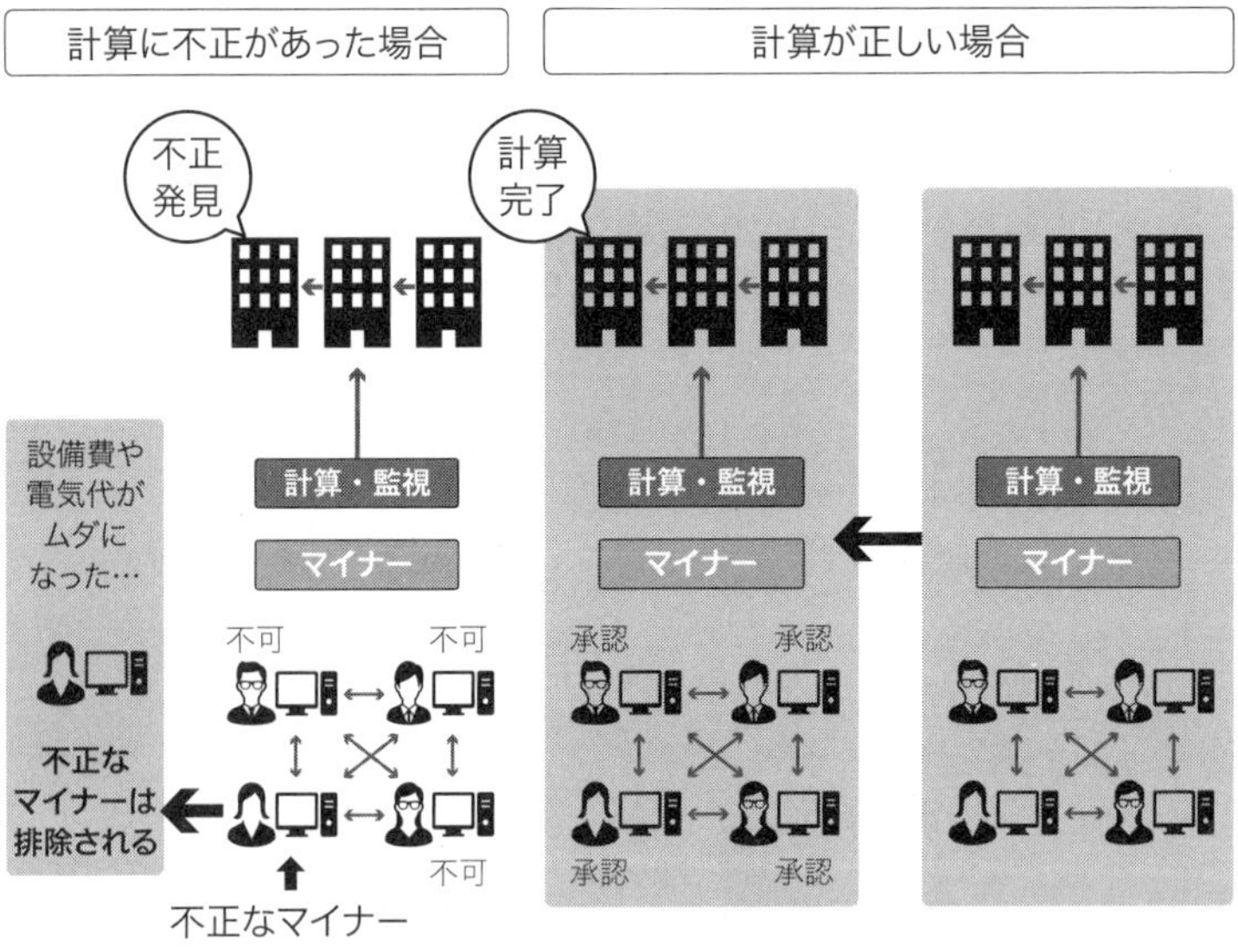

他の人が正しい取引だと承認しないため、不正が発覚。不正なマイナーは排除される

マイナー全員が正しい取引だと承認したので、取引は正しくブロックチェーンに記録される

出所：著者作成

SECTION
1-4 仮想通貨はクレジットカードとどう違うのか
さまざまな点が異なるが、どちらにも長所・短所がある

決済に使える点は同じだが別物

すでにビットコインをはじめとする規模の大きな仮想通貨は、実際に店舗で使うことができますが、仮想通貨は、国の垣根を飛び越え、世界中で決済に利用できるようになっていくことが予想されます。

世界中で決済に利用できるというと、クレジットカードを連想する方も多いのではないでしょうか。VISA、マスターカード、アメックス、JCBといったブランドのカードであれば、おおよそどの国にいっても問題なく決済ができるはずです。

しかし、どちらも目の前にお金がなくても決済できる点は同じですが、仮想通貨とクレジットカードはまったく別のもので、さまざまな違いがあります。

ここでは、両者の違いを5つに分けて紹介します。

①独自の通貨単位の有無が違う

1900種類以上あるといわれる仮想通貨はみな、一つ一つが独立した通貨（資産）であり、独立した**通貨単位**をもちます。

たとえば、ビットコインの単位はBTC、イーサリアムの単位はETH、リップルの単位はXRPと表記されます。そして、仮想通貨で決済するときには、いちいちこれを法定通貨（円やドルなど）に戻すことなく、そのま

ま利用できるのです。

すでに解説したとおり、仮想通貨は国が価値を保証したお金ではありません。しかし、そうした保証はなくても、使う人たちのあいだで価値を認め合っているため、決済に利用できるのです。

これに対し、クレジットカードは、カードを介在させてはいますが、実際には円やドルなどの法定通貨を使っています。

欧州圏ならユーロ、イギリスならポンド、中国なら元という具合に、法定通貨もまた国ごとにたくさんあります。これらの国で買い物をして、クレジットカードを出すと、各国で流通している法定通貨で決済が行なわれます。そして、後から円建てに換算されて利用料金の引き落としが行なわれることになります。仮想通貨のように、独自の通貨単位を持っているわけではありません。

ちなみに、かつてはクレジットカードで仮

●仮想通貨とクレジットカードの違い

仮想通貨	クレジットカード
独自の仮想通貨を使う	法定通貨を使う
仲介する会社がない	仲介する会社がある
対応店舗が少ない	対応店舗が多い
手数料がクレジットカードより安い	手数料が仮想通貨より高い
ポイントが付かない	多くの場合ポイントが付く

出所：著者作成

想通貨を購入できました。しかし、2018年春以降、続々とそれが禁止されてきました。値動きが激しくリスクが大きいことや、換金目的のクレジットカードの利用を禁止していることがその主な理由です。

②仲介する会社の有無が違う

クレジットカードのお金のやりとりは、クレジットカード会社が仲介します。

私たちが店舗でクレジットカードを利用すると、店舗はクレジットカード会社に利用情報を伝え、代金を受け取ります。そして後日、クレジットカード会社は私たちに利用代金を請求します。

一方、仮想通貨の受け渡しは、クレジットカード会社や銀行などの仲介会社を使わずとも、スマホなどの端末を使って、個人間ですることができます。

仮想通貨の受け渡しは、現金を手渡しすることに似ています。現金の手渡しなら、そもそもクレジットカード会社や銀行は必要ありません。

もちろん、実際は手渡しではなく端末を使ってデジタルデータの受渡しをするわけですが、世界中の誰とでも簡単に手渡しできるのと同じようなものといえばイメージしやすいでしょう。

③対応店舗の数が違う

仮想通貨もクレジットカードも、世界中で決済に利用できるしくみを備えています。しかし、すでに100年以上の歴史をもつクレジットカードを使える店舗はたくさんありますが、仮想通貨を使える店舗はまだまだ少ないのが現状です。そのうえ、いまのところ決済に利用できる仮想通貨はごくわずかです。

とはいえ今後、仮想通貨が普及していけば、対応店舗も増えていくと考えられます。

④手数料の金額が違う

対応店舗が増えていくと考えられる、その理由が「手数料の安さ」です。

クレジットカードを利用する際、店舗はクレジットカード会社に加盟店手数料を支払っています。その額は決済額のおおよそ3〜7%程度で、店舗によりまちまちのようです。

仮にクレジットカード決済の売上が1億円ある店舗で、加盟店手数料が決済額の5%ならば、500万円も支払っている計算になりますが、これは結構な負担でしょう。この点、仮想通貨の決済システムならば、しくみが簡単な分、手数料は1%程度に抑えられるといいます。つまり、店舗にとってはクレジットカードより仮想通貨を使ってもらったほうが安くて得だということになるのです。

⑤ポイントの有無が違う

クレジットカードを利用すると、一定の割合でポイントが還元されることがあります。このポイントは、他の買い物での支払いにあてられるので、その分、次回以降の買い物を安くすることができます。還元率の高いカードや高還元率になるキャンペーンなどを利用すると、さらにお得です。

一方、仮想通貨を利用しても、ポイントは付きません。クレジットカードと同様の使い方を想定していると、少々物足りなく感じるかもしれません。

このように見てみると、仮想通貨のほうが自由度は高く、手数料も安いため、今後さらに発展する可能性を秘めていると感じるのではないでしょうか。

しかし、現状はクレジットカードが使える店舗のほうが多いため、利便性の面では仮想通貨よりも圧倒的に有利だといえます。

どちらにも長所・短所があることを押さえておきましょう。

SECTION

1-5 電子マネーと仮想通貨はどう違うのか

電子マネーは独自の通貨ではなく、日本円とヒモ付けされたもの

電子マネーは法定通貨を電子化したもの

硬貨や紙幣を使わないお金としては、**電子マネー**も広く使われています。電子マネーと仮想通貨はよく比較されますが、実は、この2つは似て非なるものです。

電子マネーは、企業などの発行団体が既存の法定通貨をデジタルデータ化したものだといえます。ＥｄｙやＷＡＯＮといった流通系電子マネー、ＳｕｉｃａやＰＡＳＭＯといった交通系電子マネーなど、さまざまなものがあります。

電子マネーは、発行団体にあらかじめ現金を預けてカードやＩＤを発行してもらい、その金額データを記録するＩＣチップが組み込まれたカードや携帯電話を使い、電子決済で支払いをします。

「マネー」とついているものの、それ自体が独自の通貨であるわけではなく、あくまで日本円として使用できます。電子マネーのなかには、ポイントが貯まるものもありますが、ポイントを使う際にもやはり円と交換して使います。

これに対して仮想通貨は、円などの法定通貨とはまったく別の独立した通貨です。ドルや日本円のように独自の「単位」があります。すでに紹介したとおり、仮想通貨の代表格であるビットコインはＢＴＣ、イーサリアムはＥＴＨなどと記載します。

具体的に、通貨そのものである仮想通貨と日本円として使える電子マネーの違いを比べてみましょう。およそ次のような相違点があります。

①発行団体や管理者

電子マネーには、企業などの**発行団体**があります。管理も各電子マネーを発行する企業が行なっています。たとえば、Ｅｄｙなら楽天、ＳｕｉｃａならＪＲ東日本の関連会社が運営しています。

とはいえ、これらの会社は、お金そのものを発行したり管理したりしているのではなく、日本円というお金を預かり、それを電子マネーという形で使えるようなサービスのしくみを管理しているのです。

一方、仮想通貨には、国や中央銀行などの発行体や**管理者**が存在しません。仮想通貨を管理しているのはコンピュータのネットワー

●電子マネーと仮想通貨の違い

	電子マネー	仮想通貨
発行元	国内の企業が発行	なし
価格変動	なし	あり
換金	基本的にできない	できる
個人間の送金	できない	銀行を介さずにできる
海外への送金	できない	銀行を介さずにできる
使える場所	日本国内の商業施設やコンビニ	全世界の取り扱い店。日本ではまだ少ない

出所：著者作成

クです。

発行体や管理者が存在しないということは、その通貨の価値を保証する人がいないことを意味します。

前述したとおり、日本円やドルなどの法定通貨は、発行体であるその国に対する信用が通貨の価値を保証していますが、仮想通貨は、どれだけその通貨を欲しがる人がいるか、つまり需要の多寡によって、価値が維持されています。

②価値の変動

電子マネーは、チャージしたまま、ずっと保有し続けても、額面上の金額は変わりません。1年前にチャージした1万円は1年後も1万円のままです。

これに対して仮想通貨は、たとえば1年前に買った1BTCが1年後も1BTCであることは同じですが、需要と供給の関係で価格（日本円に換算した価値）が変動します。仮想通貨を欲しいと思う人がたくさんいればいるほど、価値は高騰し、欲しい人が少なければ、価値は下がります。これは通貨対通貨の価値の変動ですから、ドル円やユーロ円などの為替レートがさまざまな要因を反映して変動することと似ています。

なお、電子マネーも仮想通貨も、物価が上昇するインフレ・下落するデフレの影響は受けます。同じ額面の1万円、あるいは1BTCであっても、物価が上昇すればお金の価値は相対的に下がりますし、逆に物価が下落すればお金の価値は相対的に上がることになります。

③使える場所

電子マネーは、その国の法定通貨を電子化したものなので、国内でしか使うことはできません。たとえば、日本円でチャージした電子マネーを、日本以外の国で使うことはできないのです。

これに対して仮想通貨は、世界共通の通貨であるため、国境を越えて、どこの国でも利用することができます。

とはいえ、いまのところ仮想通貨で決済できるお店自体があまり多くはありません。しかし使えるお店が増えてくれば、仮想通貨を持っているだけで、世界中のどこへ行っても、そのまま商品やサービスを購入できるようになります。

④送金

電子マネーは、チャージしたお金を他の人に送金することはできませんが、仮想通貨は、個人間でも送金することができます。

法定通貨の場合、国内、海外を問わず、送金する場合は銀行を介して送金しますが、仮想通貨はウォレット情報さえわかっていれば、簡単に送金できるのです。

また前述したように、仮想通貨は世界共通の通貨であるため、海外送金する際も、わざわざ両替してから送金するという手続きをとる必要がありません。当然のことながら、送金スピードが早く、手数料も安く済むというメリットがあります。

KEY WORD

ウォレット：仮想通貨のデータを保管する場所。英数字の住所（アドレス）が割り振られていて、これを指定するだけで簡単に送金や出金ができる。

海外送金：海外の銀行口座にお金を振り込むこと。現状、銀行経由で海外送金すると数千円単位の手数料と1週間程度の時間がかかるが、仮想通貨ならば手数料はごくわずか。時間も数分で完了する。

SECTION

1-6 ポイントやゲーム内通貨とどう違うのか

最大の違いは、換金できるかどうか

●ポイントは換金ができない

仮想通貨には、紙幣や硬貨といった、目に見えるお金の形はありませんが、決済に使うことはできます。このことから、ポイントやゲーム内通貨と同じようなものだと思われる方もいるようです。しかし、仮想通貨はこれらとも違う性質を持っています。

ポイントは、買い物をしたときなどにお店からもらえて、お金のように使えるものです。財布の中をのぞくと、おそらく1枚、2枚はポイントカードが入っているのではないかと思います。また最近では、スマホのアプリをポイントカード代わりにして、ポイントを貯められるものもあります。

日本人はポイント好きなのか、実にいろいろなところでポイントの制度が利用されていて、リピーターを獲得するための常套手段となっています。

Tポイントのような、業種をこえてさまざまな店舗で利用できるポイントから、近所の個人商店がサービスで行なっているポイントまで、規模もさまざまです。

こうしたポイントと仮想通貨の最大の違いは、「換金できるかどうか」にあります。

仮想通貨の価格は、24時間365日絶えず変化しています。そしていつでも、そのときのレートを基準にして日本円などの法定通貨に換金することができます。

●ポイントやゲーム内通貨と仮想通貨の違い

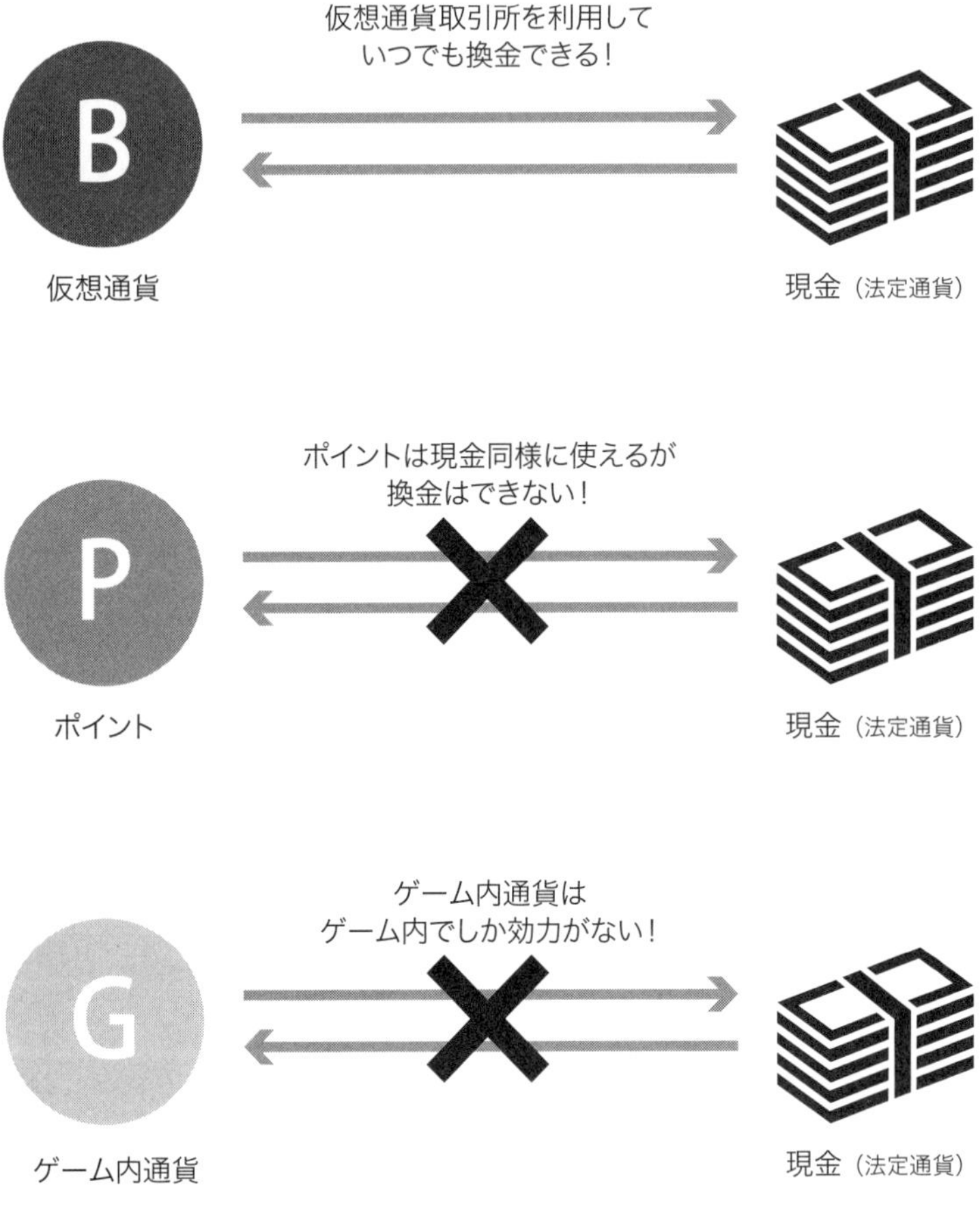

出所：著者作成

一方、ポイントは基本的に店舗のサービスとして付与されるものです。各ポイントを発行する店舗ではお金の代わりに利用することができますが、法定通貨に換金して払い戻しをすることはありません。

ゲーム内通貨も「仮想世界の通貨」

ゲーム内通貨は、文字どおりゲームのなかで使われているお金のことです。自ら勇者となって敵を倒すロールプレイングゲームなどで登場し、武器や防具、道具などを購入するために使われます。

クレジットカードやポイントと比べて、いまひとつイメージしにくいかもしれません。何しろゲームという「仮想世界の通貨」ですから、仮想通貨のような感じがしますが、もちろんこれらも、ビットコインなどの仮想通貨とは異なります。

ゲーム内通貨が利用できるのは、ゲームの中だけに限られます。この通貨でゲーム内の「やくそう」は買えるかもしれませんが、実物の薬草を買うことはできません。

ゲーム外で使うことは禁止されている

何を当たり前のことを言っているのかと思われるかもしれませんが、少し前にはニュースで報じられるような問題が起きたこともあります。

ゲームのなかには、オンラインゲームといって、インターネットで世界中の人とつながって冒険を楽しむものがあります。こうしたゲームでは、ゲーム内通貨による経済圏ができあがっていて、ゲーム内における需要と供給の関係で、通貨の価値が保たれていることも少なくありません。多額のゲーム内通貨を持っていれば、その分ゲームを有利に進められます。

そんななかで出てきたのが、ＲＭＴ（リア

ルマネートレード）と呼ばれる行為です。これは、ゲーム内通貨や有力なアイテムなどをゲーム外において現金で売買することをいいます。個人間で行なわれる場合と仲介サイトなどを通して行なわれる場合があります。

RMTによってゲーム内通貨がゲーム外において現金に換金できれば、間接的にではありますが現実世界のものが買えることになります。仮想通貨にかなり近い存在になるといえるでしょう。

RMTが違法かどうかについては争いがありますが、ほとんどの場合、ゲームの運営会社の規約によって禁止されています。違反するとアカウントが停止されたり、ゲーム内通貨を凍結されたりすることもあるようです。

なぜなら、RMTが認められると、ゲーム内の経済が崩壊し、急激なインフレが発生し、ゲーム内通貨の価値が下がることによってゲーム会社の収益が悪くなるからです。また、本来はゲーム会社から買うべきものが2次流通することによって、ゲーム会社が得るはずの収益を害するという面もあります。

他にも、RMTを装った詐欺などもたびたび発生しており、この対策のためにそうした規約があるという一面もあります。

少し話がそれましたが、仮想通貨は、そのときのレートによって法定通貨への換金をすることができ、ポイントやゲーム内通貨は法定通貨への換金ができないことが仮想通貨との最大の違いとなります。

KEY WORD

共通ポイント：さまざまな加盟店で共通して貯めたり使ったりできるポイント。Tポイントのほか、Ｐｏｎｔａポイント、楽天スーパーポイント、ＷＡＯＮポイント、ＪＲＥポイントなどがある。

半減期：仮想通貨をマイニングすることで得られる報酬が半減すること。仮想通貨の価格を安定させるために行なわれる。ビットコインの場合、約4年に1回のペースでマイニング報酬が半減する。

SECTION 1-7

仮想通貨は金（Gold）に似ている？

発行量の上限があることなど、仮想通貨と金は似ている点も多い

金と似たところのある仮想通貨

古代から立派な装飾品や工芸品などに使われてきた金属といえば、**金**（Gold）でしょう。実は、仮想通貨は**「デジタルゴールド」**などと呼ばれ、しばしば金と似ていると語られることがあります。

ここでは、仮想通貨と金の似ているところ・少々違うところを、いくつか取り上げて紹介したいと思います。

似ている点①／政治・経済の影響を受けにくい

金は昔から、株式・為替・不動産などと同様に、投資資産として扱われてきました。

「有事の金」という言葉を聞いたことがある方もいるかもしれません。たとえば恐慌のような不景気がやってきたり、戦争などで地政学リスクが高まったりすると、株式や為替、不動産などの価格は暴落してしまうことがあります。しかし、金は実物資産として、そのものに価値があるため、暴落することが少ないといわれています。

そのため、有事には相対的に安全と考えた人の買いが入るのです。

仮想通貨も、特定の国が発行したものではありませんので、「ある国が不景気になった」「A国とB国で紛争が始まった」といったことがあっても、比較的影響は少ないと考

えられています。

似ている点②／世界中で取引されている

似ている点①で紹介したとおり、金は投資資産として昔から世界中で取引されてきました。

最近では、実物の金だけでなく、将来の金の売買を約束する金先物取引や、金の価格に連動するＥＴＦ（上場投資信託）などにも幅広く投資が行なわれています。

仮想通貨の取引も、スマホ・パソコンを使って世界中で行なわれています。歴史からすれば、仮想通貨のほうがずっと浅いのですが、世界中で取引されているという点では、同じといっても差し支えないでしょう。

似ている点③／発掘量が決まっている

金は天然の資源ですから、埋蔵量に限りがあります。一説には、現在残っている金はオリンピックで使われるプール（50m×25m）１杯分くらいだともいわれています。もちろん、まだ知られていない金の鉱脈が見つかることもあるかもしれませんが、「有限の資源」だということに変わりはありません。

一方の仮想通貨は、発行の上限が決まっているものが多くあります。

たとえば、ビットコインは最大で２１００万ＢＴＣと決まっています。すでにこのうちの約8割、１７００万ＢＴＣはマイニングによって採掘されたといいます。残りも採掘されていくと、２１４０年にはすべて発行されるといわれています。

量に限りがあるということは、このまま需要が増え続けるとしたら、やがて金も仮想通貨も足りなくなり、価格が上昇することも考えられます。実際にそうなるかは、足りなくなってみないとわからないのですが、ここではそうした性質が似ている、ということを押さえておけばいいでしょう。

異なる点①／金は決済・送金に使えない

いくら金に価値があるといっても、金の延べ棒をスーパーに持ち込んで買い物をすることはできません。また、インターネットを通じてオンラインでやり取りするわけにもいきません。

仮想通貨はそもそも決済通貨として誕生したので、決済に使えるのは当然です。そしてすでに解説したとおり、ネットでのやりとりも手軽にできます。決済や送金のしくみは、金と仮想通貨の大きな違いといえます。

異なる点②／実用性は金のほうが高い

金には装飾品や工芸品、電子機器に使えるという実用性があります。しかし仮想通貨はあくまでデジタルデータでしかないので、当然そうした用途には使えません。

金（Gold）と仮想通貨の違い

仮想通貨	金
政治・経済の影響を受けにくい	
世界中で取引されている	
発掘（発行）量が決まっている	
決済・送金に使える	決済・送金に使えない
実用性が低い	実用性が高い

「仮想通貨＝金」ではないが、要素としては似ている部分も多い

出所：著者作成

SECTION 1-8

仮想通貨はどのように使われているのか

大きな用途は、①海外送金、②買い物などの決済、③投資（投機）の3つ

●利用シーンは大きく3つ

仮想通貨の用途は、大きく3つに分かれます。具体的には、①海外送金、②買い物などの決済、③投資（投機）対象、です。

まず**①海外送金**ですが、銀行を通じて海外に現金を送金する場合、2つのデメリットがあります。

第一に、送金したお金が、送金先の口座に着金するまでに時間がかかること。状況によって異なりますが、基本的には1～3日。場合によってはそれ以上の時間を要する場合もあります。この点、仮想通貨であれば送金した金額が即座に相手のウォレットに反映されます。

第二に、送金の手数料が高いこと。メガバンクなどで海外送金を行なうと、1回につき5000円程度の送金手数料がかかります。インターネット銀行だと、2000円程度で済むところもあるようですが、送金手数料がこれだけ高いと、少額の海外送金では送金額よりも送金手数料のほうが高いということになりかねません。

一方、仮想通貨の場合、海外送金も非常に安いコストで行なえます。取引所によっては送金手数料を無料にしているところもあります。これなら少額の海外送金も、コストを気にする必要がありません。

このように、ビットコインをはじめとする

仮想通貨は、ローコストかつ迅速に海外送金が可能という点において、一般の通貨よりも優れています。

しかし、現実問題として、日常的に海外送金のニーズがあるという人は、ほとんどいないでしょう。したがって、いくら有利とはいっても、海外送金目的で仮想通貨を必要としている人は、かなり限られると思います。

次に②買物などの決済ですが、これも対応可能なお店が、少しずつ増えてきました。全国展開している企業でざっと例を挙げると、ディーエムエムドットコム（DMM.com）のネットショップの支払い、メガネスーパーの店頭および公式ネットショップでの支払い、ビックカメラの店頭および公式ネットショップでの支払い、ソフマップの秋葉原1号店から5号店までの店頭支払いが、いずれもビットコイン決済が可能です。

このほか、東京都、北海道、愛知県、京都

ビットコインの価格と取引量の推移

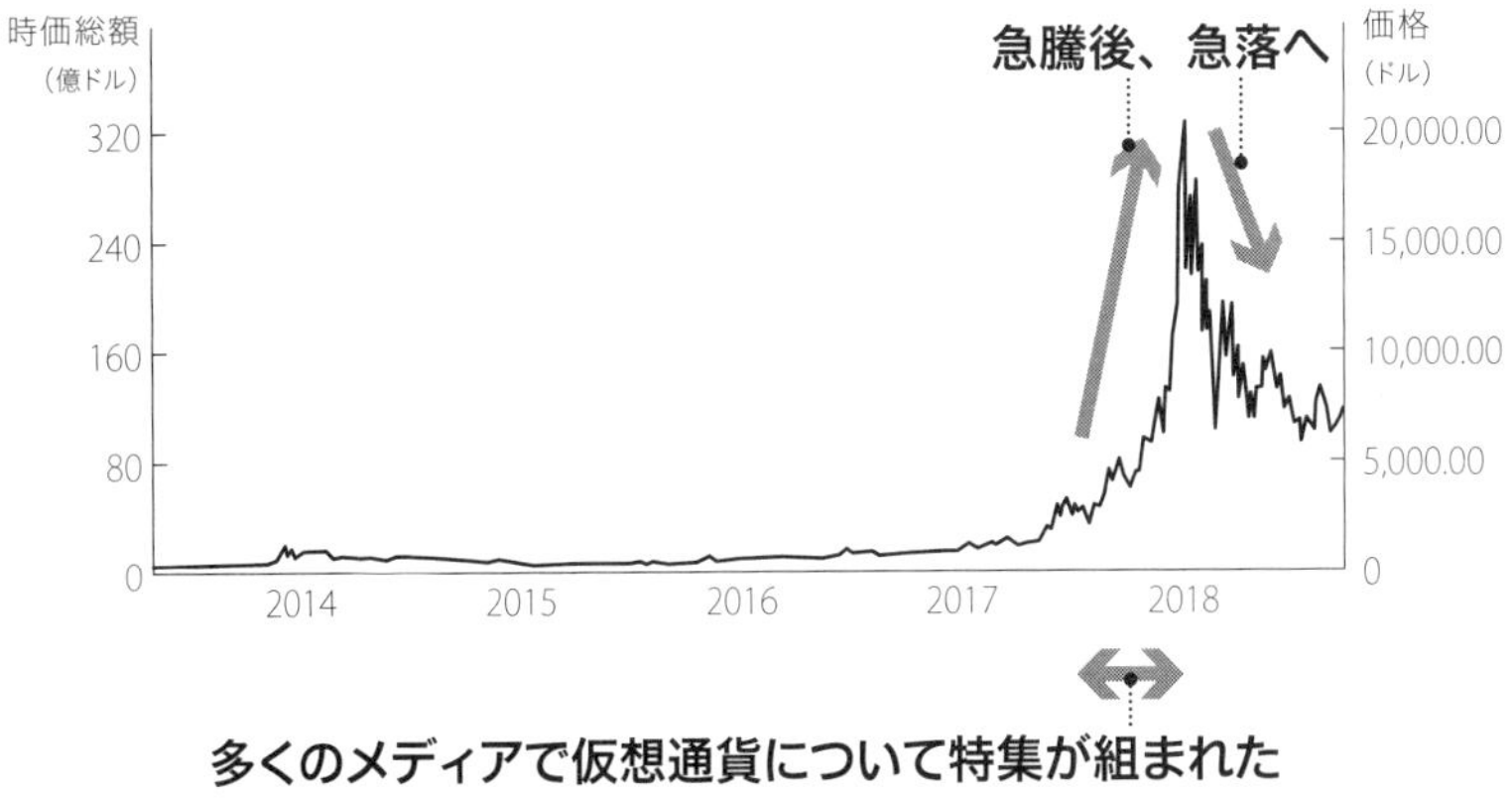

出所：coinmarketcap.comより著者作成

府、大阪府、兵庫県、福岡県、沖縄県といった都道府県の地元企業で、同じくビットコイン決済を可能にしているお店があります。ただ、絶対数としてはまだまだ少数なので、いつでも、どこででも自由に仮想通貨を用いて決済を行なえるという状況ではありません。

したがって、買い物などの決済を目的に仮想通貨を買う人も少ないでしょう。

現在は「投資（投機）対象」がメイン

したがって現時点で仮想通貨に興味を持っている人の大半は、海外送金目的でも、決済目的でもなく、投資（投機）目的だと思います。

投資（投機）対象としての仮想通貨は、ボラティリティの高さから、ハイリターン狙いの投資家（投機家）の関心を集めています。それが最も高まったのが、２０１７年末にかけての急騰です。もっとも、２０１８年以降、仮想通貨の価格は急落したわけですが、それでも次の上昇局面で高いリターンを得るべく、虎視眈々とタイミングを狙っている投資（投機）家が、大勢います。

いまの仮想通貨の流通は、投資（投機）目的で成り立っているといっても過言ではありません。

とはいえ、仮想通貨取引には大きなリスクが伴います。なかでも価格変動リスクについては、１日の変動率が50％に達する場合もあるほど、荒い値動きをします。

たとえば、１００万円相当の仮想通貨を持っていたのに、たった1日で50万円まで目減りするほどの価格変動リスクがあるわけですから、そのリスクを許容できる人でなければ、取引に参加しないほうがいいでしょう。

もっとも、そのリスクを裏返すと、非常に高いリターンにつながるということでもあります。それは、２０１７年末にかけての急騰ぶりが、雄弁に物語っています。

SECTION
1-9 仮想通貨はどうやって入手するのか
「取引所を通じて買う」というのが最も現実的な手段

マイニング（採掘）で手に入れる

たとえばドルを手に入れる場合であれば、両替商やFX会社、銀行あるいは証券会社が思い浮かぶと思いますが、仮想通貨はそうした金融機関で手に入れることはできません。

仮想通貨を手に入れる方法は3つあります。**マイニング**、仮想通貨取引所で手持ちの現金と仮想通貨を交換するという方法、キャンペーンを通じて無料でもらう方法です。

マイニングは「採掘」という意味です。しかし、仮想通貨のマイニングとは、地下に埋蔵された通貨を掘り起こす作業ではありません。あくまでも「たとえ」です。

仮想通貨のマイニングとは、パソコンを使って、仮想通貨の取引が正しく行なわれているかどうかを計算する作業です。これを誰よりも速く、正確にできた人に対して、その報酬として仮想通貨が支払われる（仮想通貨を手に入れることができる）しくみになっているのです。ただ、マイニングを行なうためには膨大な計算を行なう必要があることから、それこそものすごい数のパソコンを24時間、365日稼働させてマイニングしている専門業者が世界中にあります。

個人が家庭用のパソコンを使ってマイニングをしようと思っても、専門業者との競争に勝てるはずがありません。マイニング専用のパソコンが数十万円で発売されていますが、

●仮想通貨を入手する方法は？

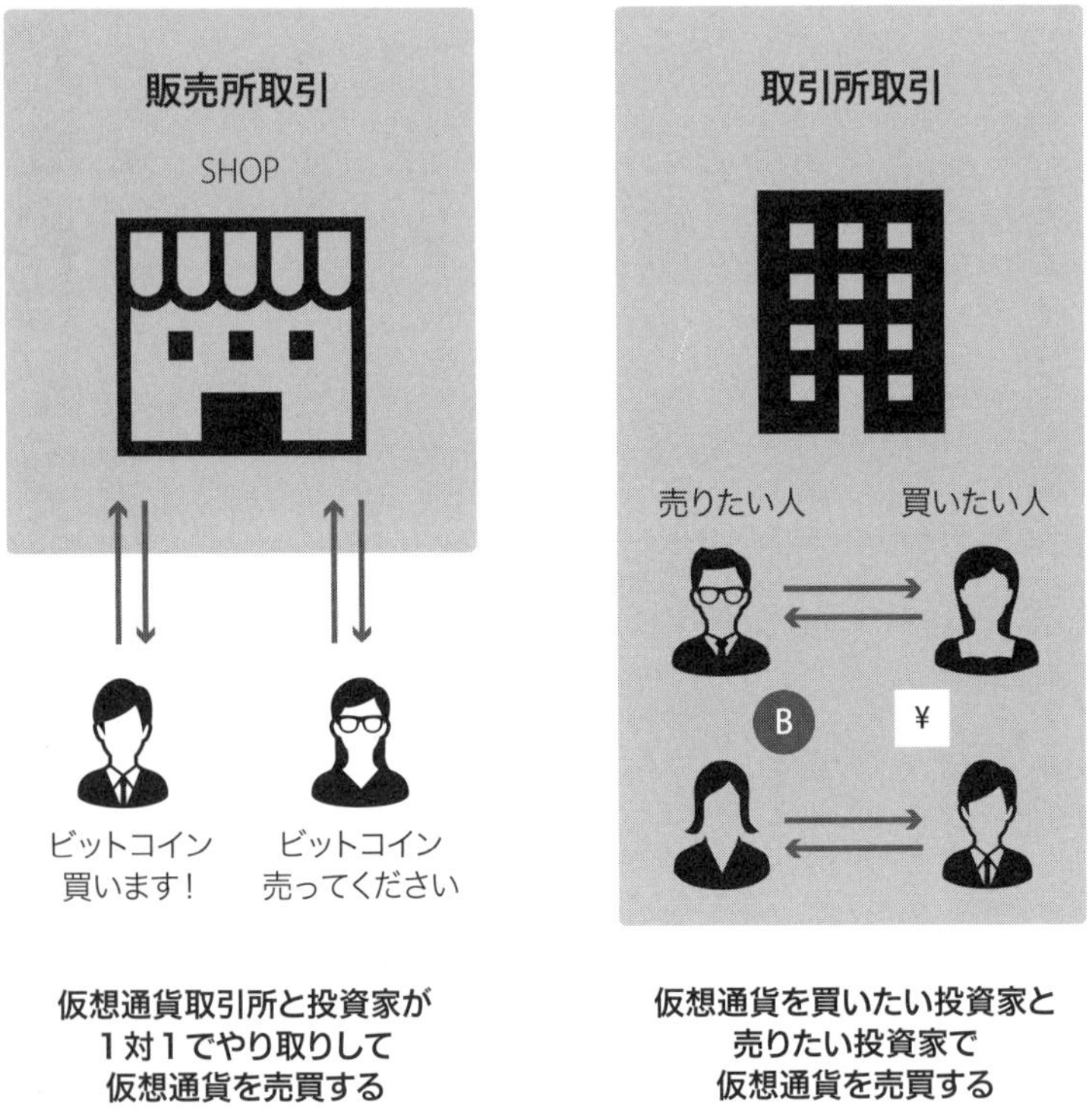

出所：著者作成

KEY WORD

成行注文：取引所取引で、価格を指定せずに行なう売買注文。売買できる通貨があればすぐに注文が成立（約定）するが、思わぬ価格になってしまうこともある。

指値注文：取引所取引で、価格を指定して行なう売買注文。思いどおりの価格で売買できるが、注文が約定しないこともある。

そもそも、膨大な計算には、膨大な電気代も必要になります。せっかくマイニングで仮想通貨を手に入れても、それに要した費用を回収できないという事態になります。

したがって、個人が仮想通貨を手に入れるためには、仮想通貨取引所を通じて、手持ちの円との交換で、仮想通貨を手に入れるというのが現実的な手段になります。

取引を通じて買う

仮想通貨取引所を通じて行なわれる取引は、「**販売所取引**」と「**取引所取引**」があります。

販売所取引は、取引所から仮想通貨を購入する取引です。これに対して取引所取引は、取引所を仲介して、仮想通貨を売りたいという人から買います。

販売所は仮想通貨のお店から買うようなものですから、確実に買えます。ただし、手数料が割高になる点に注意が必要です。

取引所取引だと、自分が買いたいと思ったときに売り手がいるかどうかわかりませんし、自分が買いたいと思う量に見合う売りがあるとは限りません。ビットコインのように、日々の取引高が大きな仮想通貨なら、この点は問題ないと思いますが、仮想通貨のなかには日々の取引高が小さなものもあります。取引高が少ない仮想通貨の場合、取引所取引だとなかなか売買が成立しません。とはいえ、手数料は販売所取引より安く済みます。

ところで、「取引所」というと、たとえば東京証券取引所のように、取引所という物理的な建物があるというイメージをもつと思いますが、仮想通貨の取引所は、インターネット上にあるバーチャルな取引所です。したがって、販売所取引でも取引所取引でも、仮想通貨の取引はすべてインターネットを介して行なわれることになります。

また、「取引所」というと、どこか公的な

存在であるかのように思ってしまいがちですが、仮想通貨取引所はすべて民間企業が運営しています。

東京証券取引所や大阪証券取引所は誰でも簡単につくることはできませんが、極端な話、仮想通貨取引所は誰にでも簡単に開設できます。それだけに、経営管理体制に不備があったり、法定調書の作成などがきちんと行なわれていなかったりするケースも多く、コインチェック事件のような資金流出騒動につながることもあります（51ページ参照）。実際、2018年になってから、数多くの仮想通貨取引所が金融庁の行政処分を受けています。

今後、仮想通貨取引が大きくなるかどうかは、仮想通貨取引所が内部管理体制をしっかり見直すことによって、誰もが安心して取引できる環境を構築できるかどうかにかかっています。

無料でもらう方法も……

仮想通貨取引所が行なうキャンペーンなどを利用すると、仮想通貨がタダでもらえることがあります。金額は微々たるものですが、原資はゼロですから、基本的に損することはありません。

たとえば、仮想通貨取引所のアカウント登録時にビットコインなどの仮想通貨をプレゼントするキャンペーンは、定期的に行なわれています。一定額以上の入金が条件になっている場合もありますが、取引が条件になっていない以上は実質的に無料です。せっかくアカウント登録をするならば、そうしたタイミングでしたほうがお得です。またアカウント登録自体も無料ですから、複数の仮想通貨取引所にアカウント登録をするのもいいでしょう。

SECTION
1-10 投機対象としての仮想通貨
ファンダメンタルズ要因とは無関係に、たんなる需給バランスでのみ価格が決まる

需給バランスのみで価格が決まる

ここまでの解説でだいたいわかってきたように、現状、仮想通貨は「通貨」というよりも「投機対象」としてとらえるのが正しいと思われます。

注意してほしいのは、「投資対象」ではなく「投機対象」であるということです。

私は企業業績や経済成長率、インフレ率などのファンダメンタルズ要因に価格が影響を受けるものを「投資対象」、ファンダメンタルズ要因とは無関係に、たんなる需給バランスでのみ価格が決まるものを「投機対象」と考えています。

株式の場合はどうでしょう。株価は最終的には株式市場における需給バランス、つまりその銘柄の買い手と売り手の力関係によって決まるというのは事実です。しかし、それと同時に、株式を発行している企業の業績や世の中の景気、物価動向など、ファンダメンタルズの要因も株価の値動きに影響します。ある企業がきちんと成長して利益を出し続けていけば、それに応じて株価（時価総額）も上がります。

為替も、短期的な値動きに関してはほぼ需給バランスによって決まりますが、長期的に見れば、二国間の物価水準による購買力平価に収斂していくケースが多くあります。その点ではファンダメンタルズも為替レートの決

定要因であるといっていいでしょう。

では、仮想通貨はどうでしょうか。そもそも仮想通貨には、発行主体というものが存在しません。株式であれば、たとえばパナソニックやトヨタ自動車など、株式を発行して資金調達する企業が発行主体として存在しているからこそ、株価はそれら企業の価値を反映して形成されるわけですが、仮想通貨の場合は明確な発行主体が存在しません。仮想通貨のなかでは最も取引量が多いビットコインの発行主体はどこかと質問されても、答えようがないのです。

割高・割安という概念も通用しない

ビットコインについて情報を発信しているビットコイン財団（https://bitcoin.org）というものがありますが、これは2012年9月に「世界中のユーザーの利益のため、暗号通貨ビットコインの使用を標準化・保護・促進す

株式・為替相場と仮想通貨相場の違い

株式相場の決定要因

・株式市場における需給バランス
・ファンダメンタルズの要因株式を発行している企業の業績、世の中の景気、物価動向など

為替相場の決定要因

・短期的な値動きは需給バランス
・長期的に見れば、二国間の物価水準による購買力平価に収斂

➡株価も為替もフェアバリュー（適正価格）が計測できる

仮想通貨相場の決定要因

・短期的にも長期的にも需給バランス

➡フェアバリュー（適正価格）が計測できないので、ボラティリティが高くなる

出所：著者作成

る」という使命のために設立されたアメリカの非営利団体にすぎません。ビットコイン自体は、中央銀行のような発行・管理機関は存在せず、通貨の発行や取引はすべて民間の取引所において参加者間の相対で行なわれています。

もちろん、取引所が破綻したり、ハッキングされたり、あるいは仮想通貨のインフラともいうべきブロックチェーン技術にトラブルが生じたりすれば、おそらく仮想通貨の価格は急落すると思いますが、それは仮想通貨自体のファンダメンタルズ要因によるものではありません。

どこをどう見ても、仮想通貨の取引価格に影響を及ぼす要因として、ファンダメンタルズが存在しないのです。つまり仮想通貨の価格は、取引所を通じて売買に参加している人たちの需給バランスによってのみ決まるということです。

売り手に比べて買い手が多ければ価格は上昇し、買い手に比べて売り手が多ければ価格は下落します。言い方を換えると、市場心理が価格動向を左右するのです。

ということは、仮想通貨の価格に割高、割安という概念は当てはまらないことになります。割高、割安には、常に比較する何かがあって、それに対して割高なのか、それとも割安なのかを判断することになります。

たとえば株式投資にはＰＥＲやＰＢＲという指標があります。

ＰＥＲは株価収益率のことで、1株あたり税引き利益と株価を比較したものですし、ＰＢＲは株価純資産倍率といって、その企業が持っている1株あたり純資産総額と株価を比べたものです。これらの株価指標を過去にさかのぼってチェックし、現在の水準がどの辺にあるのか、あるいは同業他社と比べて高いのか、低いのかなど、多面的に比較することによって、現在の株価が割高なのか、それとも割安なのかを、大まかにではありますが、判断できます。

しかし、仮想通貨の場合、業績や純資産などのような、いまの価格が割高なのか、それとも割安なのかを計算するための対象が存在していません。過去の価格推移を見て、いまの価格水準がどうなのかということはわかりますが、それはフェアバリュー（適正価格）を計測するための概念ではなく、たんなる「値ごろ」に過ぎません。

適正価格がない＝ボラティリティが高い

仮想通貨の**ボラティリティ**（値動きの幅）が大きいのは、結局のところ、フェアバリューを推測する手立てがないからです。もし、何かに対して仮想通貨の現在値が割高であると判断できるなら、確実に売りが出てきます。それは利益を確定させるための売りかもしれませんし、割高なものを売り、価格が下落したところで買い戻して利益を確定させるための売りかもしれません。

このように、割高だと売り、割安だと買いが入ることによって、ボラティリティは抑えられていきます。

ところが、仮想通貨には割高、割安の概念があてはまりませんから、その価格は極端に一方向に走りがちです。ひとたびトレンドが発生すると、そのトレンドに乗ろうとする動きが広まるため、価格のボラティリティが高くなるのです。

ボラティリティが高いということは、それだけ損失を被るリスクが高い一方、大きく儲けるチャンスもあるということです。上がるから買う、買うから上がる、もしくは下がるから売る、売るから下がるというだけの理由で、大きく動くわけですから、まさに投機の対象といってもいいでしょう。

SECTION
1-11 仮想通貨の課題
世界中の多くの国で仮想通貨はさまざまに規制されている

各国で投資家保護の規制整備が進む

2017年4月に施行された**改正金融商品取引法**で、仮想通貨交換業者に登録制を導入し、日本は国として仮想通貨を受け入れる姿勢を示しました。結果、同年10月から11月には、全世界の仮想通貨取引の約4割が、日本で行なわれていたと報じられ、話題になりました。

しかし世界には、仮想通貨の取引を規制している国もあります。その代表は世界第2位の経済大国である中国です。かつては中国でも広く取引が行なわれていましたが、2017年の秋以降、仮想通貨を用いた資金調達やマイニングなどを相次いで規制し、2018年には国内での売買をも規制。取引所サイトへのアクセスも遮断しているといいます。

中東のイスラム圏の国々でも当初、仮想通貨の取引は規制されました。これはイスラム教の教義（シャリア）で、投機的な取引や不確実な取引などを禁止しているからです。

このほかにも、規制が行なわれている、あるいは今後規制が予定されている国がいくつかあります。

2018年3月に開催されたG20（財務大臣・中央銀行総裁会議）では、仮想通貨が「暗号資産」と呼ばれ、脱税やマネーロンダリングなどの問題を抱えていると指摘されました。しかし同時に、「暗号資産」の技術が発展することで、金融システム、ひいては経済を改善させる可能性があることも指摘されています。

その他、主要各国の仮想通貨に対する規制の状況は、次のようになります。

・米国

米国は現状、仮想通貨取引に比較的寛容です。しかし、注目されていた仮想通貨ＥＴＦ（上場投資信託）の上場は「取引の不正防止が不十分」などとして却下。今後規制の強化が行なわれるかが注目されます。

・ＥＵ

ＥＵでは国ごとの温度差こそありますが、仮想通貨の取引が行なわれています。欧州委員会は投機性やマネーロンダリングなどの危険性に懸念を示し、仮想通貨取引所を登録制にするなどの規制を行ないました。ただし、その後は姿勢が軟化。一層の規制は急がない方針です。

・韓国

２０１８年１月には仮想通貨の全面禁止も視野に入っていた韓国ですが、国民の反対もあり断念。その後財務大臣が変わると、一転して仮想通貨容認の姿勢に舵を切りつつあります。

・イスラム教諸国

２０１７年にはトルコやサウジアラビア、エジプトなどのイスラム法学者から「ビットコインはイスラム教では禁じられる」という趣旨の発言が相次いでいました。しかし２０１８年４月に「ビットコインはイスラム教の教義（シャリア）に反しない」と発表されて話題に。イスラム法に準拠した仮想通貨取引所「ＦＩＣＥ」が開設されるという情報もあり、注目されています。

日本は仮想通貨交換業者への監督を強化

このように、いくつかの地域において、仮想通貨に関連した規制法案などが検討、あるいは施行されていますが、日本における規制の動きはどうでしょうか。

2018年1月26日、仮想通貨交換業者のコインチェック（Coincheck）が、取り扱っていた13の仮想通貨と日本円の出金停止を発表しました。同社にお金を預けていた顧客は突然、お金を使うことはもちろん、引き出すこともできなくなってしまったのです。

同日夜の記者会見で、顧客から預かっていた仮想通貨の一つ、ネム（NEM）が**ハッキング**によって社外に不正流出したことが明らかになりました。被害額は日本円にして約580億円と、史上最大規模の流出となったのです。

仮想通貨の特徴のひとつに、通貨のやり取りがすべて記録され、誰でも見ることができる、というものがあります。それを利用して、ネムの普及を図る団体が流出したネムを追跡したり、有志の個人が犯人を割り出そうとしたりする動きもありました。しかし結局、犯人の特定には至りませんでした。

報道によると、犯人は結局、盗んだネムを別の仮想通貨と交換したり、匿名性の高いサイトで安く売り出したりして、ほとんどを換金してしまったとみられています。捜査はまだ続きますが、こうなると回収はまず不可能でしょう。

この問題に対しコインチェックは、ネムを保有していた顧客に対し、日本円で返金補償をすることを発表しました。そして3月12日、約26万人のユーザーのコインチェックの口座に、合計約463億円が返金されました。

この問題でいちばん悪いのは、もちろん悪

事を働いたハッカーですが、コインチェックが顧客のネムを保管する体制もよくありませんでした。

仮想通貨の保管には、後述するようにウォレットという財布のようなものが使われます。財布といっても、仮想通貨には紙幣や硬貨はありませんから、あくまでデータを保管するためのしくみをイメージしていただければと思います。

ウォレットには、インターネットにつながっているホット**ウォレット**と、つながっていない**コールドウォレット**の2種類があります。仮想通貨はインターネットを通じた売買や送金がよく行なわれるので、ホットウォレットで持っていたほうが何かと便利です。

しかし、インターネットにつながっている限り、ハッカーに狙われる危険を排除することはできません。安全性ではコールドウォレットのほうが上です。

今回の流出は、コインチェックがネムをホットウォレットで管理していたことが原因のひとつだとされています。多くの仮想通貨交換業者は、預かっている仮想通貨の大部分をコールドウォレットで管理していますが、コインチェックのネムはそうではなかった、というわけです。

最終的に日本円で返金されたとはいえ、事態を重くみた金融庁は仮想通貨取引所に対する監督を強化。コインチェックを含む多くの業者に行政処分が下されました。なかには、廃業する仮想通貨取引所もあったほどです。

しかし、問題はこれでは終わりませんでした。9月にはザイフ（Zaif）という別の仮想通貨取引所が**不正アクセス**を受け、ビットコイン・ビットコインキャッシュ・モナコインの3種類、合計約70億円が流出する事件が発生しました。

盗み出された仮想通貨は、3万ものアドレ

コインチェックには下記の行政処分が出された

コインチェック株式会社に対する行政処分について

平成30年3月8日
関東財務局

1　コインチェック株式会社（本店：東京都渋谷区、法人番号1010001148860、資金決済に関する法律（平成21年法律第59号）附則第８条に基づく仮想通貨交換業者）（以下、「当社」という。）においては、平成30年１月26日（金）に当社が保有していた仮想通貨（NEM）が不正に外部へ送信され、顧客からの預かり資産が流出するという事故が発生した。

これを踏まえ、同日（26日（金））、当社に対し同法第63条の15第１項の規定に基づく報告徴求、29日（月）に同法第63条の16の規定に基づく業務改善命令を発出し、２月13日（火）に報告を受け、２月２日（金）に金融庁において立入検査に着手した。

2　資金決済に関する法律第63条の15第１項に基づく報告、同法第63条の16に基づく業務改善報告、立入検査により当社の業務運営状況を確認したところ、取り扱う仮想通貨が内包する各種リスクを適切に評価しておらず、例えば、マネー・ローンダリング及びテロ資金供与リスクなど各種リスクに応じた適切な内部管理態勢を整備していなかったことに加え、昨年秋以降、業容が急激に拡大する中、業容拡大に応じた各種内部管理態勢及び内部監査態勢の整備・強化を行っていないことが判明した。

これは、取締役会において顧客保護とリスク管理を経営上の最重要課題と位置付けておらず、経営陣の顧客保護の認識が不十分なまま、業容拡大を優先させたことによるものであり、また、監査役も機能を発揮していないなど経営管理態勢及び内部管理態勢等に重大な問題が認められたことから、本日、以下の内容の業務改善命令を発出した。

(1)　適正かつ確実な業務運営を確保するための以下の対応
　i　経営体制の抜本的な見直し
　ii　経営戦略を見直し、顧客保護を徹底
　iii　取締役会による各種態勢の整備
　iv　取り扱う仮想通貨について、各種リスクの洗出し
　v　マネー・ローンダリング及びテロ資金供与に係る対策
　vi　現在停止中の取引再開及び新規顧客のアカウント開設に先立ち、各種態勢の抜本的な見直し、実効性の確保

(2)　顧客との取引及び顧客に対する補償に関し、当局に対し適切な報告
(3)　上記（1）に関する業務改善計画を平成30年３月22日までに、書面で提出
(4)　業務改善計画の実施完了までの間、１ヶ月毎の進捗・実施状況を翌月10日までに、書面で報告

ブラジル	かつては仮想通貨に懐疑的で、仮想通貨を金融資産として認めてこなかった。しかし、仮想通貨は株式投資より人気があり、取引所の開設が待たれている。信頼できる規制ができるか、注目される
中国	以前は仮想通貨取引の中心で、取引やマイニングが盛んに行なわれていた。しかし政府が直接の取引やICOを全面的に禁止したことで、取引量は減っているという。取り締まりは今後も続くとみられる
インド	仮想通貨の否定派。2018年4月、インド準備銀行（RBI）は金融機関での仮想通貨の取引を禁止したが投資家は反発。個人間取引が進んでいるという。政府は今後、全面禁止とする提案を行なう方針
インドネシア	インドネシア中央銀行は2018年1月に仮想通貨の売買・取引をしないよう強く要請していたが方向転換。6月には仮想通貨を商品とみなし、証券取引所で先物取引ができるよう法整備を行なっている。
メキシコ	2018年3月に仮想通貨の規制に関する法案を可決。不正防止や課税方法などを定めた。9月には、国内の仮想通貨取引所と、仮想通貨サービスを提供する銀行は中央銀行による許可が必要になった
韓国	詐欺や投資家の自殺などを受けて、政府は当初規制を強めたいと考えていた。匿名での仮想通貨取引禁止、ICOの禁止などが行なわれたが、財務大臣が変わってからは一転軟化し容認の姿勢
ロシア	仮想通貨は普及しつつあるものの、法整備を巡っては二転三転。規制の方法や方針が定まっていない。2018年末には仮想通貨規制法案を発表するという報道もあったが、その後の動きは見られない
サウジアラビア	それほど厳しくないとされていたが、2018年8月に仮想通貨取引を法律で禁止することを発表。一方で中央銀行は2019年、アラブ首長国連邦と共同で銀行間取引に用いる仮想通貨を開発しているという
南アフリカ	仮想通貨には寛容な姿勢。2018年8月、投資家保護や税金に関する仮想通貨規制の法律の草案が出された。仮想通貨を決済で使った場合、消費税が非課税になることも考えられている
トルコ	現状厳しい規制は行なわれていない。国内通貨のリラが急落したことから、仮想通貨が広く普及しているという。トルコ政府が独自に開発する仮想通貨「トルココイン」の発行も取りざたされている

G20での各国の仮想通貨に関する見解

フランス	仮想通貨を健全に利用するための法整備が進む。2018年9月にはICOに関する法律が制定された。また2019年よりキャピタルゲインへの税率を36.2%→30%に引き下げ、他の金融商品と同じになった
アメリカ	仮想通貨が普及しているが規制は厳しい。アメリカ証券取引委員会（SEC）は2018年3月に仮想通貨取引所の登録を義務化。ビットコインETFの承認も先送りされている。さらなる法整備もなされる見込み
イギリス	仮想通貨そのものには肯定的だが、財務省特別委員会は投資家保護の規制が必要だとする見解を発表。2019年には課税方法やICOの法整備、デリバティブ取引の禁止などが行なわれる見込み
ドイツ	仮想通貨は法定通貨として扱い、決済に利用したい考え。決済通貨として仮想通貨を利用する場合は非課税としている。ICOに対しては「個人投資家が手を出すべきではない」と危険性を強調している
日本	本来仮想通貨に寛容だったが、相次ぐ取引所の不祥事を受けて検査を強化。行政処分を多数実施した。2019年には金融商品取引法などを改正し、ICOのルールや詐欺への対策を行なおうとしている
イタリア	仮想通貨の法律を策定するとしているが、目立った動きはない。2018年2月には同国の取引所がハッキングの被害に。12月には無許可の投資サービスに対し運営禁止命令が出されている
カナダ	ブロックチェーンの有用性を国レベルで認め、積極的に推進しようとしている。そのため、不正行為を除く規制は緩やか。政府認可のICOが行なわれたり、ビットコイン投資信託が誕生したりしている
EU（欧州連合）	EU域内の仮想通貨の規制は現状、各国に任せている状態。しかし、国ごとに規制のレベルが違うことを問題視している。欧州銀行監督局（EBA）はEU内で規制を統一することが必要だと報告している
アルゼンチン	もともと仮想通貨に対してポジティブ。自国の通貨ペソが経済危機で急落するなか、それよりも相対的に値動きの緩やかなビットコインに資金が集まっている。ビットコインATMが登場し、普及している
オーストラリア	仮想通貨取引所はすべての取引内容を公開するよう定められている。今後、監視制度も整備される予定。仮想通貨の普及に力を入れていて、小売店でビットコインが購入できるようになっている

出所：各国の情報をもとに著者作成

スに分散して送金されたとみられるということです。こうなってはもう回収はまず不可能でしょう。有志のホワイトハッカーが犯人のＩＰアドレスを割り出したというニュースも報じられましたが、こちらも本稿執筆時点では犯人の検挙・逮捕に至ってはいません。

ザイフ（Zaif）を運営していたテックビューロは、同じく仮想通貨取引所を営むフィスコに事業承継を行ない、同額の仮想通貨での補償を行なうと発表しました。フィスコはフィスコ仮想通貨取引所（ＦＣＣＥ）を運営しているのですが、ザイフ（Zaif）のサービスとは統合せず、別のサービスとして運営をしていく方針だといいます。

２つの事件をうけ、さまざまな対策が講じられているものの、これによって今後、絶対に流出が起こらないとは、残念ながら断言できません。海外でも流出事件がたびたび発生しているのが現状なのです。しかし、より安心して仮想通貨が使える環境が整備されていくことと考えられます。

仮想通貨を支えるしくみである「ブロックチェーン技術」には、民間だけでなく政府も、大きな期待を寄せています。コインチェックやザイフ（Zaif）の問題を受け、何らかの形で法律などが改正され、しくみが変わることもあるでしょうが、中国のように、一律で規制するようなことにはならないと思います。

KEY WORD

マネーロンダリング：犯罪によって手に入れられた不正なお金の出所を隠すために、金融商品を購入したり別の口座などに送金したりすること。資金洗浄ともいわれる。

ホワイトハッカー：コンピューターやネットワークに関する知識を、セキュリティの強化・情報漏洩の阻止に活用している人のこと。

SECTION

1-12

仮想通貨の税金はこうなっている

取引で差益が出た場合は雑所得として総合課税される

売却だけでなく通貨同士の交換も課税対象

２０１６年4月、**資金決済法**の改正が行なわれ、仮想通貨の取引サービスが、この法律の規制対象になりました。同法は、２０１７年4月から施行されています。

仮想通貨の取引については、まだ国税庁の公式見解が出ていない部分もありますが、現時点において固まっている点について、ここで解説しておきましょう。

まず**所得税**ですが、これは譲渡時等に課税されます。所得金額は譲渡価格から、取得価格と譲渡経費を足し合わせた額を差し引き、それに対して**雑所得**として課税されます。

この雑所得が20万円を超えた場合、**確定申告**が必要になります。つまり、仮想通貨で20万円超の利益があった場合はもちろん、仮通貨とその他の雑所得の合計が20万円超になった場合も確定申告をする必要があるということです。

ここで「**譲渡**」という言葉が示す意味には注意が必要です。保有している仮想通貨を売却したケースはもちろんのこと、仮想通貨同士の両替や交換も譲渡に該当することです。

たとえば保有しているビットコインをイーサリアムに替えた場合は、ビットコインをいったん売却し、そこで生じた利益に課税したうえで、イーサリアムを新たに買い付けるという解釈になるのです。さらに、贈与や現物

●総合課税の税率と所得税の計算例

課税される所得金額は「収入－経費－所得控除の合計額」で求める
所得税の税額は課税される「所得金額×税率－控除額」で求める
※会社員の場合、給与所得控除が経費にあたる

●所得税の税額の速算表

課税される所得金額	税率	控除額
195万円以下	5%	0円
195万円を超え330万円以下	10%	97,500円
330万円を超え695万円以下	20%	427,500円
695万円を超え900万円以下	23%	636,000円
900万円を超え1,800万円以下	33%	1,536,000円
1,800万円を超え4,000万円以下	40%	2,796,000円
4,000万円超	45%	4,796,000円

出所：国税庁ホームページより著者作成

出資、通貨として使用した場合も、譲渡とみなされます。

相続と**贈与**については、いずれも相続・贈与をした人が取得したときの価格を、所得金額として引き継ぐ形で、課税対象になります。

また、売却するにしても相続・贈与するにしても、あるいは通貨として使用するにしても、大事なのはどの値段を使用するか、ということです。

売却した場合が最も単純で、法定通貨の額が確定しますから、それを売却価格として用います。

ただ、相続や贈与、交換、通貨として使用した場合の値段をどうするかについては、国税庁でも見解が出ていません。とはいえ、いくつか考えられる方法はあります。

たとえば相続・贈与に関しては、相続開始日もしくは贈与日の最終価格、もしくは平均価格を売却価格とみなします。また通貨として使用した場合は、レシートに表示されている円ベースの金額を用いる、といった方法が考えられます。

雑所得として総合課税される点に注意

税金で注意しなければならないのは、仮想通貨の場合、金融商品としてみなされていないため、預貯金などに適用されている20％の源泉分離課税が適用されず、雑所得として**総合課税**の対象になるということです。

総合課税の場合、儲かった金額が大きいほど、税率が高くなります。最大で所得税45％＋住民税10％、実に55％もの金額が引かれてしまいます。株式やＦＸの場合はどれだけ利益が出ても一律で所得税15％＋住民税５％の20％（２０３７年までは復興特別所得税を加算して20・３１５％）ですから、ずいぶんと違いがあります。

BEST INTRODUCTION TO ECONOMY

2章

仮想通貨のプラットフォーム「ブロックチェーン」のしくみと問題点

SECTION 2-1

ブロックチェーンとハッシュ関数の役割

改ざんを防止するための合理的なしくみ

●取引記録をみなで共有して監視

「**ブロックチェーン**」は仮想通貨が「通貨」として存在するために不可欠な、極めて重要な技術です。ただ、ブロックチェーンを詳しく理解しようとすると、専門書のような内容になってしまいますから、本書では、「入門」の範囲内で必要十分と思われるポイントについて、できるだけわかりやすく説明します。

仮想通貨の実態はコンピュータ上のデジタルデータです。データ上にある一つ一つのブロックに取引などの記録が入っており、それがチェーンでつながれているような形になっています。この形から、ブロックチェーンと呼ばれています。

なぜこのような形のデータである必要があるのでしょうか。それは、この取引の記録を収めた「**台帳**」を、大勢で共有して監視するためです。このことから、「分散型台帳」と称されることもありますし、こうした「みんなで監視し合う分散型のコンピュータネットワーク」のしくみ全体を指してブロックチェーンと称することもあります。

ブロックチェーンにおいては、全取引履歴のデータは1箇所ではなく、世界中に分散されたデータベース上に、多数同時に存在します。具体的にいうと、「AがBに10ビットコイン支払った」とか、「CがDに20ビットコ

● ブロックチェーンとハッシュ関数

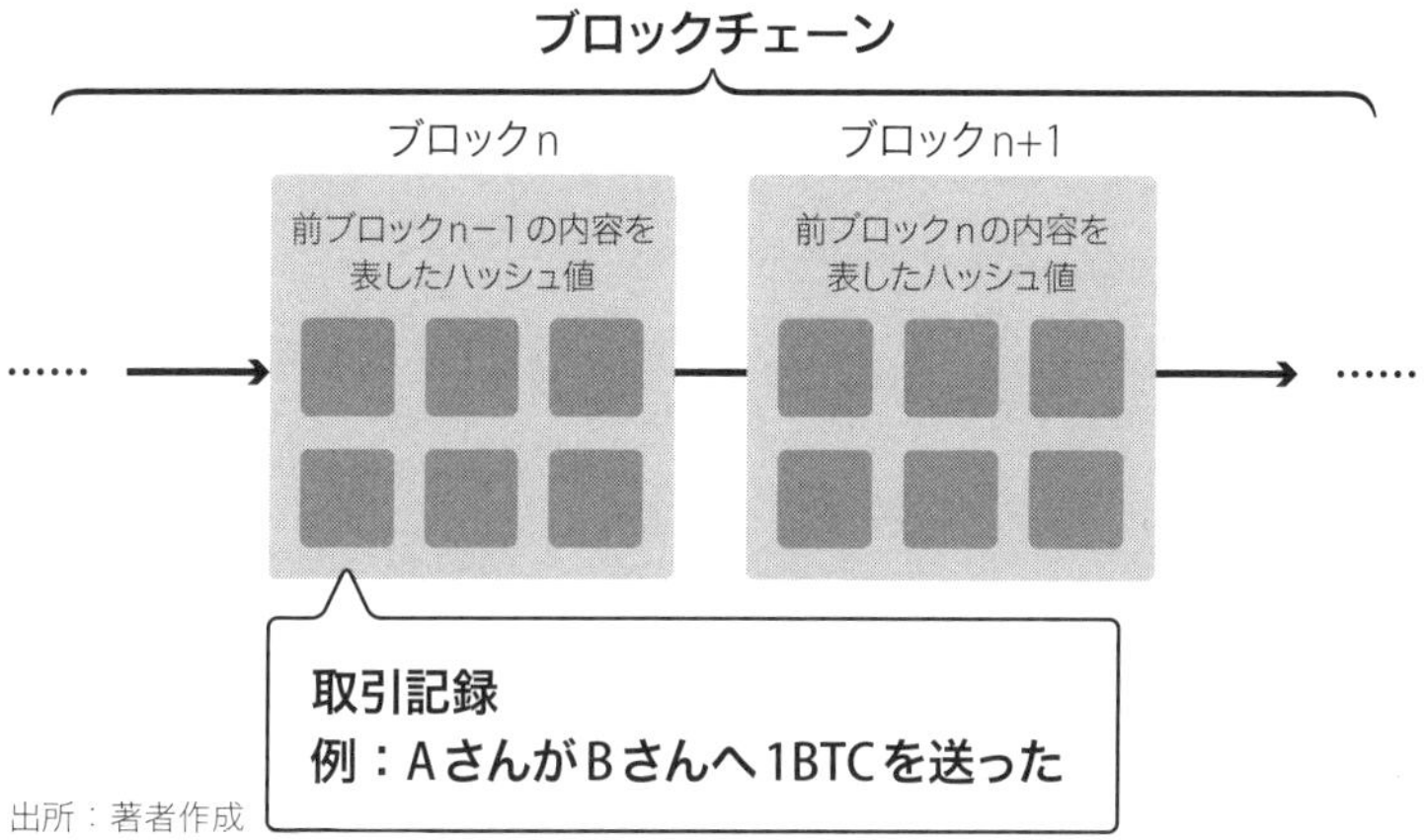

出所：著者作成

● ハッシュ関数の例

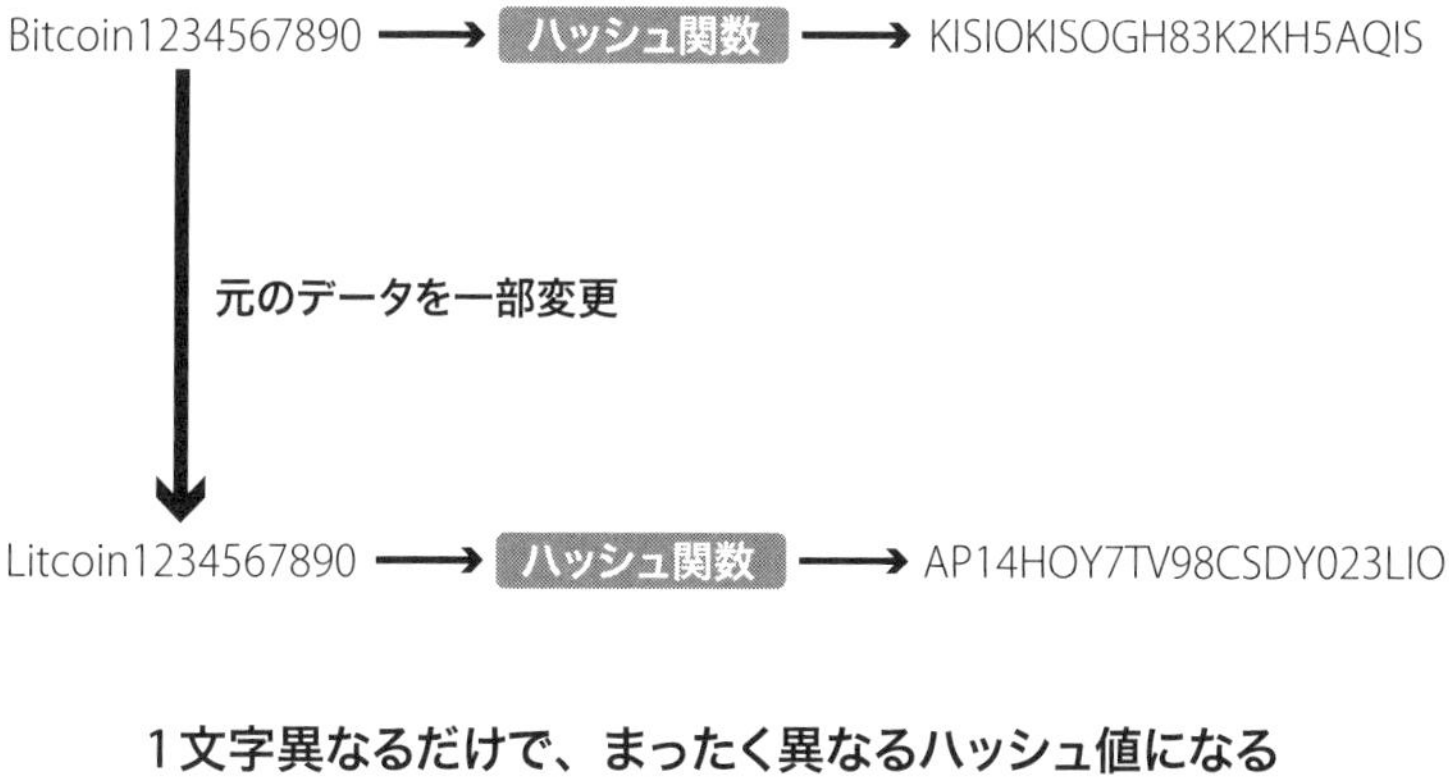

出所：著者作成

イン支払った」という取引記録が1箇所ではなく、分散されたデータベース上に多数同時に存在するということです。

そして、これらの取引を記録した取引台帳が全世界に向けて公開されているため、コイン保有者それぞれの**「ウォレット**（仮想通貨の口座）」にいくら入っているのかがわかるようになっています。

ブロックチェーンをだますことは基本的にはできません。なぜなら、全取引履歴のデータが世界中に散らばっていて、みんなでシステムを監視し合っているため、仮に誰かが改ざんを行なった場合、監視している人にバレてしまうからです。

「ハッシュ」により改ざんを防止できる

個々のデータが公開されており、、どこの誰がどれだけ持っているかがわかるとしても、それを複製（偽造）できるようでは、通貨としては不合格です。ブロックチェーンであることによって、どうして偽造を防止できるのでしょうか。

ブロックは過去から順々につながっているのですが、新たなブロックが形成されると、1つ前のブロックの内容を表した「ハッシュ」という文字列が付きます。

ハッシュとは、元になるデータから、一定の計算手順により求められた、規則性のない固定長（長さが定まっている）の値のことです。たとえば、どこかのブロックでデータが変更されると、ハッシュの値も変わります。過去のデータは自然に変わることはありませんので、改ざんがあればすぐに判明してしまうわけです。また、ハッシュから元のデータを簡単に復元することもできません。元のデータを知るためには、総当たりに計算する必要がある、という性質をもつため、暗号や認証などに応用されています。

過去のハッシュ値の書き換えが不可能

では、ハッシュの値の整合性をとるために、チェーンで繋がっているブロック一つ一つを過去に遡って連続で書き換えようとした場合はどうでしょうか。

しかし、これも極めて困難であり、かつ割に合わないようになっています。

たとえばビットコインでは、コインの偽造を防ぐため、ハッシュ値を計算するのに約10分かかるように設定されています。そして実際には、偽造者のほかに多数の善良な計算者（マイナー）がいるため、偽造者が行なう再計算速度が新たな取引を承認するマイナーの計算速度においつくことができず、偽造は非常にむずかしくなります。

改ざんは経済的にも割に合わない

また、他の仮想通貨の場合も含めて、偽造はコスト的に割に合わないようになっているという面も重要です。

各取引を認証するために算出しなければならないデータのことをプルーフ・オブ・ワーク（Proof of Work：仕事量による証明）といいます（19㌻参照）。仮想通貨における偽造とは、取引データを改ざんすることなので、求めなければならないプルーフ・オブ・ワークも変わり、再計算が必要になります

たとえば、ハッシュ値の書き換えにも当然のことながら、コンピュータの非常に高度な計算能力と大きな電気代がかかります。そして、ハッキングにかかるコストとマイニングで得られる報酬を比べると、マイニングの報酬をもらったほうが、経済的メリットが大きいようにつくられているため、システムの敵対者として仮想通貨を偽造するよりも、システムの協力者になるほうが合理的だということです。

SECTION 2-2

ハッシュレートとは何か？

マイニングマシンの計算力、採掘速度のことを意味する

●マイニングの計算速度を表す

ハッシュレート（Hash Rate）とは、マイニングマシンの計算力、採掘速度のことを意味します。たとえばビットコインの場合、ハッシュレートは「プルーフ・オブ・ワークで利用するハッシュ（値）計算を1秒間に何回繰り返すか」を示す指標です。

単位には「hash/s」が使われ、「毎秒○ハッシュの計算ができる」ことを意味します。

K（キロ）、M（メガ）、G（ギガ）やT（テラ）などの単位と合わせて使います。キロは1000、メガは100万、ギガは10億、テラは1兆です。たとえば、1Mhash/sの場合、毎秒100万回のハッシュ計算ができることを表します。

●仮想通貨ごとにハッシュレートは異なる

それぞれの仮想通貨のハッシュレートはWeb上で確認することができます。たとえば、ビットコインであれば「fork.lol」や「blockchain.info」にアクセスすると確認することができます。

仮想通貨ごとに、全体のハッシュレートは異なります。ビットコインは図表のとおり、年々ハッシュレートが高くなっていますが、これは、「マイニング速度が上昇している」「多くのマイナーが参加している」ことを意

味します。

　ビットコインは管理者を持たない仮想通貨ですが、多くのマイナーが参加し、多くの人によって取引が承認されるため、通貨としての信頼性が向上しているということです。

　一方、ハッシュレートが低い仮想通貨は、マイナーが少ないことを表し、取引の処理速度が低下したり、取引がいつまでも承認されなかったりといった状況に陥る可能性があるということです。

　ただ、ハッシュレートが高いことがデメリットになるケースもあります。たとえば、ビットコインのようにハッシュレートが高すぎると、一般ユーザーがマイニングに参加しにくくなります。マイニングは団体（とくに中国企業）が大半を占めるので、実質的にみると管理者が存在する通貨のようになってしまう恐れがあります。

ビットコインのハッシュレート

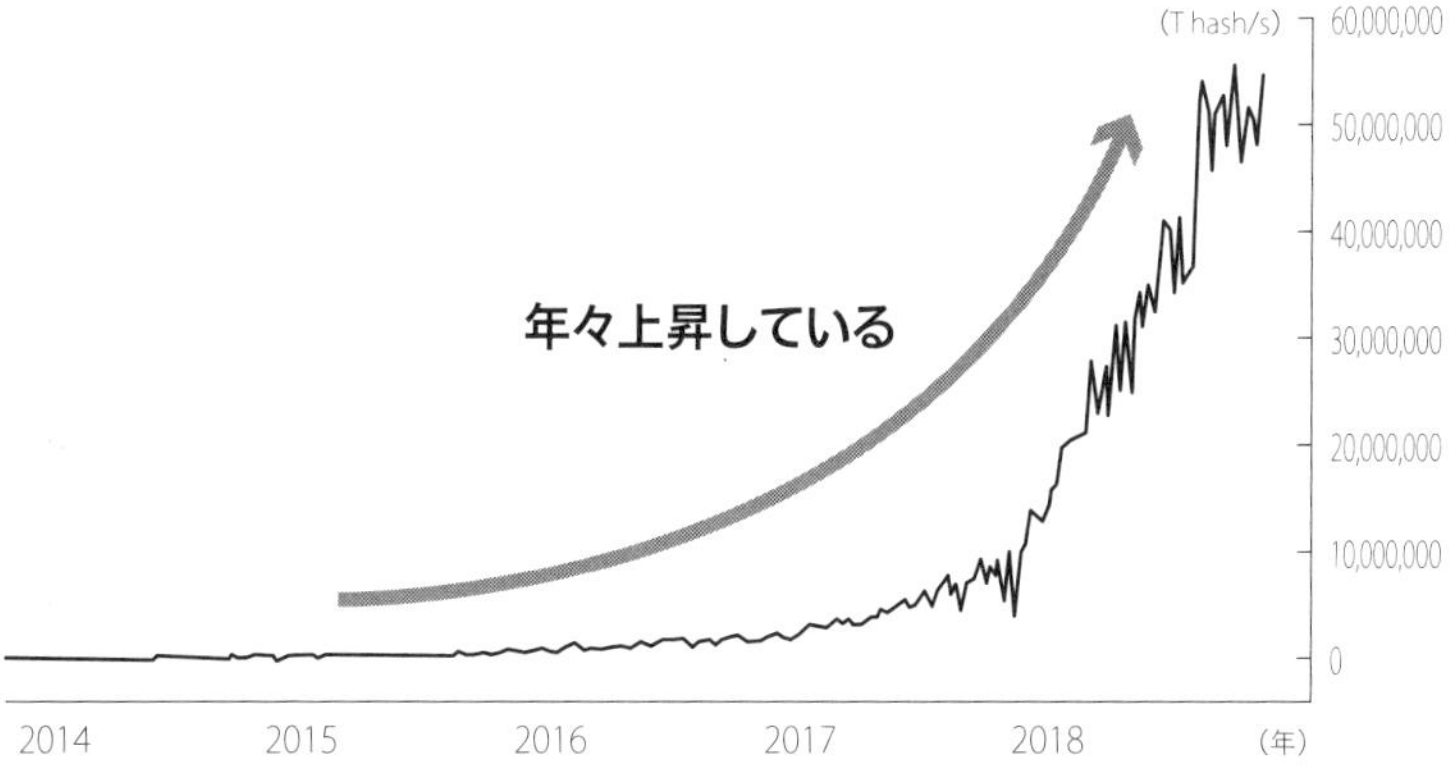

出所：Blockchain.infoより著者作成

SECTION 2-3

コンセンサス・アルゴリズムとは何か？

「取引が正しい」と判断する人を決める方法のこと

最も早く計算した人が有利

ブロックチェーン技術には、「中央の管理者が存在しない」という特徴があるため、取引が正しいのかどうかを誰かが判断しないとなりません。その「誰か」を決める方式を**「コンセンサス・アルゴリズム」**といいます。

ブロックチェーンには多数の計算が必要で、その計算のことを**「プルーフ・オブ・ワーク」**ということは19ページで書きました。そして、プルーフ・オブ・ワークを実行する人を「マイナー（採掘者）」と呼び、この行為を「マイニング（採掘）」と呼びます。

マイナーには新規に発行されたビットコインの一部が報酬として支払われることは、1章でも解説したとおりです。しかし、計算をしたマイナー全員に報酬として仮想通貨が支払われるわけではありません。基本的には「最も早く計算したマイナー」が、すべての報酬を受け取る形になります。

となれば、誰もが最も早く計算しようとしますから、ものすごい台数の高性能コンピュータをフル稼働させることによって電力を非常に消費してしまうなどの問題が起きてしまいます。それがひいては環境問題を深刻化させる恐れがあるとみられています。

計算量を競う必要がないマイニング法

そうした問題点を改善するために考えられ

PoWとPoSの違い

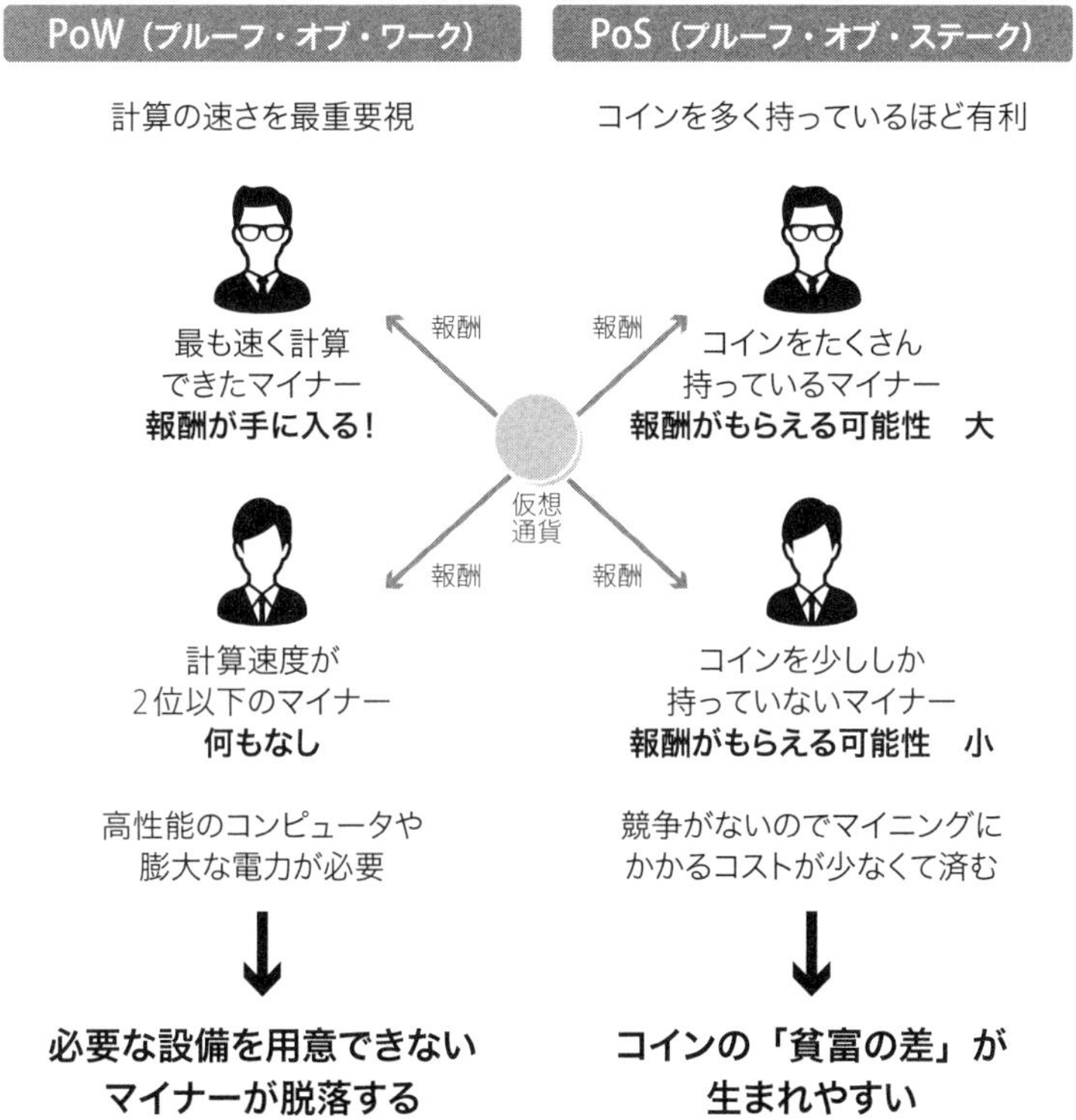

出所：著者作成

KEY WORD

マイニング用パソコン：高性能のCPUやグラフィックボードを搭載したパソコン。2017～2018年に、マイニング需要の高まりからグラフィックボードの価格が高騰し話題になった。
承認（**ブロックの承認**）：取引（トランザクション）がブロックチェーンの新たなブロックに記録されること。

たコンセンサス・アルゴリズムが、**プルーフ・オブ・ステーク**（Proof of Stake：ＰｏＳ）という方法です。

プルーフ・オブ・ステークとは、Stake（賭け金）を多く保持している人であるほどブロックが承認される確率が高くなるというものです。ステークの定義としては、保有しているコインの量だけを指している場合もありますが、加えてコインを保有している期間も加味される仕様もあります。

話をまとめると、プルーフ・オブ・ステークは、計算量を競う必要がないマイニング法です。高性能コンピュータをフル稼働させる必要がなく、電力消費量が抑えられるため、環境に優しいというメリットがあります。ちなみにイーサリアムは現在、プルーフ・オブ・ワークからプルーフ・オブ・ステークへの移行が予定されています。

ただ、「蓄積」が評価される方式であるため、富めるものがより豊かになるという、別の問題点があります。

このほかに**プルーフ・オブ・インポータンス**（Proof of Importance：ＰｏＩ）というコンセンサス・アルゴリズムも考えられています。直訳すれば、Importance（重要性）の高い人ほど報酬が得られやすいということですが、コインの保有量や取引の頻度の多さやその人の信用等を総合して判断する合意形成方法です。

プルーフ・オブ・ステークと同様、コンピュータに膨大な計算をさせなくて済むので、電気代がかかりません。ちなみに、プルーフ・オブ・インポータンスを唯一採用している仮想通貨はＮＥＭ（ネム）です。ＮＥＭはコインチェック騒動で問題となった仮想通貨ですが、プルーフ・オブ・インポータンスを導入していることが注目されている理由の一つです。

SECTION 2-4

課題① トランザクションとブロックの分岐

トランザクション性能が低いのには理由があるのだが……

●トランザクション問題

トランザクションは1秒間でどれだけの情報処理ができるのかを示すもので、「tps(transaction per second)」という単位が用いられます。

実は、仮想通貨と同じように決済を行なうツールであるクレジットカードは、4000〜6000tpsというトランザクション性能を有しています。

これに対して、仮想通貨の代表であるビットコインのトランザクション性能は、たったの7tpsしかありません。

トランザクション性能が低いのには理由があります。ビットコインの場合、誰もがマイニングに参加できるオープンなネットワークになっていることと、偽造を防ぐことができるようにするためです。その結果、10分おきにつくられるブロックに入れられる情報量は、ビットコインの場合で1メガビットに留まります。

そうなると、決済や送金などの取引量が増えたときに、処理し切れない取引が生じ、どんどん処理が遅くなってしまいます。これがトランザクション問題です。

今後、ユーザー数がどんどん増え、取引量が増えた場合にこのトランザクション問題は高いハードルとして残っています。

この問題を解決するために起こったのが、

●ハードフォークでどうなった？

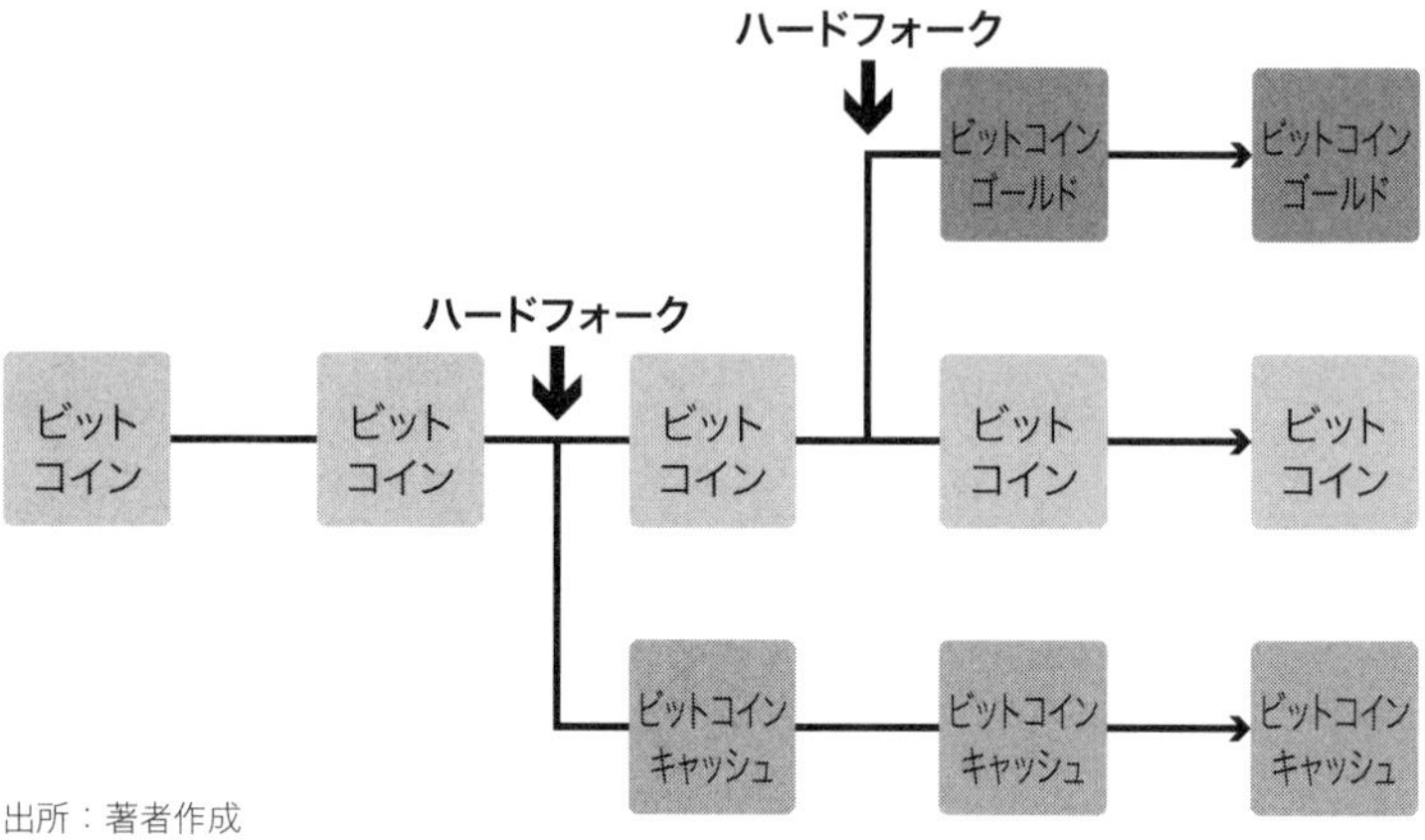

出所：著者作成

●セグウィット（Segwit）のしくみ

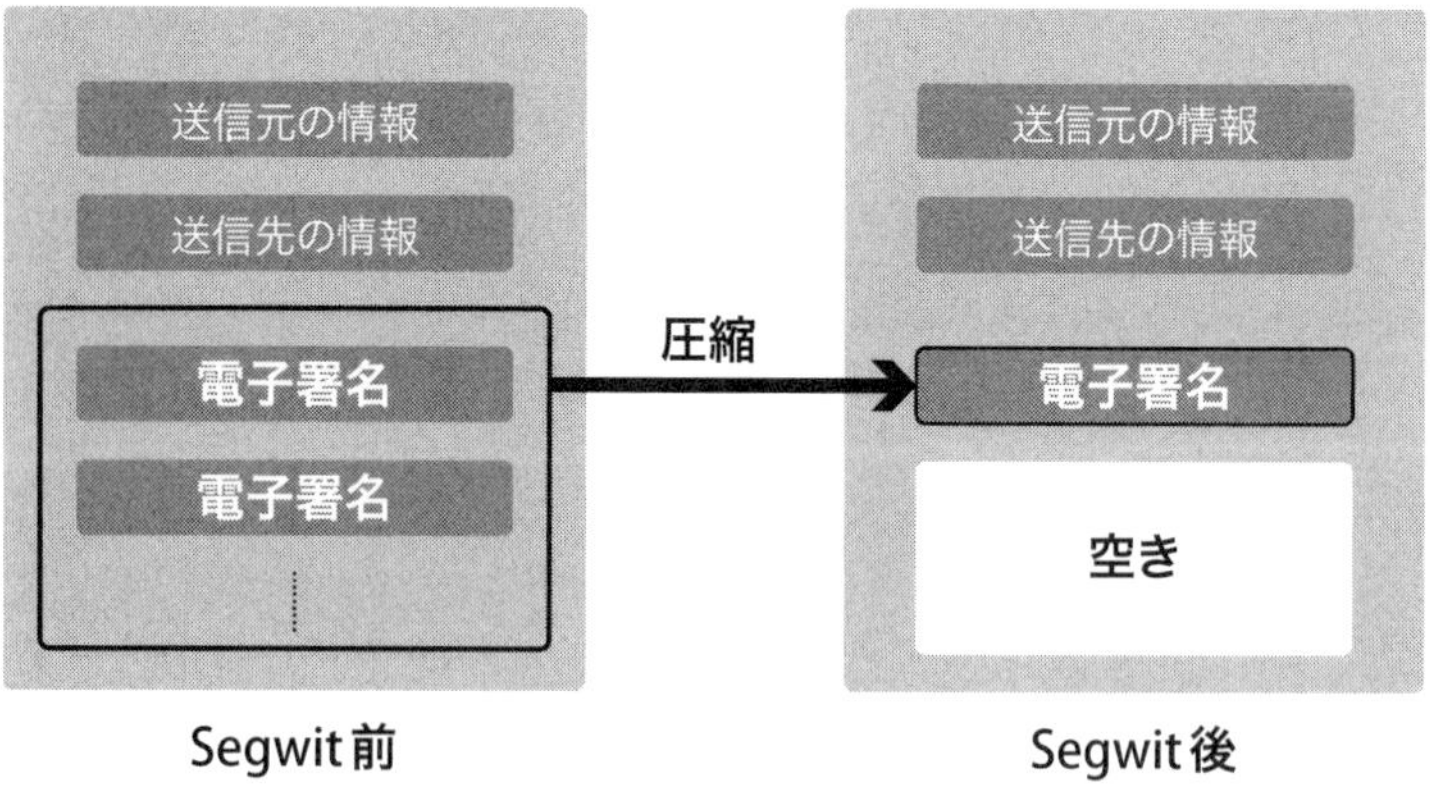

出所：著者作成

２０１７年８月の「ビットコインの分裂（**ハードフォーク**）」です。

●送金遅延を解決するために分裂

２０１７年８月にビットコインは分裂が起こり、ビットコイン・キャッシュが誕生しました。ハードフォーク後は、ビットコインとビットコイン・キャッシュは別々の通貨として取引されています。

分裂というのは、仮想通貨のルールを変える際に、旧ルールとの互換性をなくして新ルールを適用させることです。つまり新ルール適用後はまったく別の通貨が誕生するということです。

この分裂の原因は「送金遅延の問題を解決するために意見が分かれた」からでした。

実は、ビットコインは元々、現在のように決済に利用したりひんぱんに交換したりすることを想定してつくられておらず、**ブロックサイズ**（1ブロックに含むことのできるデータ量）が１ＭＢ（メガバイト）に設定されていました。それが、ビットコインを保有するユーザー数や取引量が増えたことで、決済や交換の頻度が増し、技術的に処理が困難になったというわけです（スケーラビリティ問題）。そのため、送金遅延問題が発生しました。

問題を解決するために、①ブロックサイズを引き上げる、②ブロックに含める情報量を減らす、という２つの案が考案されました。

①のブロックサイズを引き上げる方法をとったのがビットコイン・キャッシュです。ビットコイン・キャッシュのブロックサイズは、分裂当時、ビットコインの１ＭＢの８倍の８ＭＢでした（現在は32ＭＢになっています）。

●セグウィットによる問題解決も

通貨を分裂させないでこうした問題を解決することをソフトフォーク（次項参照）といい

ます。代表的な方法に、取引データ内にある電子署名を分離して取引データを圧縮する「**セグウィット**（Segwit）」という機能を追加することによって、ブロックサイズは変えずに、取引データ自身を小さくするというやり方があります。

取引データを分解すると、送信元の情報、送信先の情報、電子署名の3つに分けることができますが、セグウィットにより約6割の取引データを圧縮できるといわれています。

ビットコインは、２０１７年8月からセグウィット機能が有効化しています。ほかにも、ライトコインやモナコインなどにもセグウィットが導入されています。

●マイニング環境を原因とする分裂も

また、ビットコインの分裂ということでいえば、２０１７年10月には、ビットコインとビットコイン・ゴールドに分裂するハードフォークが起こりました。

このハードフォークはトランザクションの問題ではなく、マイニング環境を改善する目的で行なわれました。ビットコインは、中国などで企業がマイニングを行ない、個人のマイナーではマイニングに手が出せないという問題を抱えていましたが、ビットコイン・ゴールドは個人でもマイニングできるように環境を改善したという具合です。

このように、ハードフォークにより通貨が増えるようになるのは、技術的な問題を解決するこの方法が「新しい仮想通貨のルールをつくること」であり、こうしてつくられたものが旧来のルールと互換性がないためです。

この新しいルールの設計方法がいくつも存在することから、複数のビットコイン由来の仮想通貨が誕生するのです。

SECTION
2-5 ソフトフォークによって何が起こる？
ブロックチェーンの仕様を変えずに、仮想通貨をバージョンアップさせる方法

通貨が分裂しない「ソフトフォーク」

前項で触れたハードフォークと同じく、ソフトフォークも送金遅延問題・スケーラビリティ問題を解決するための方法なのですが、アプローチの仕方が正反対です。どんなものか、なるべく簡単に説明します。

仮想通貨にはそれぞれ、**ブロックサイズ**と呼ばれる、保有できる取引データの量が決められています。

しかし、仮想通貨を扱う人が増え、取引量が膨大になってくると、容量がいっぱいになってしまい、取引履歴を保存する処理がむずかしくなってしまったのです。そのため、送金遅延問題やスケーラビリティ問題が懸念される事態となりました。

これらの問題を解決するため、ハードフォークでは、ブロックサイズを引き上げる処理を行なったことを紹介しました。

これに対して、ソフトフォークでは、ブロックに含める取引データの量を圧縮し、より少ない要領でたくさんのデータを記録できるようにする処理を行ないます。

具体的には、前項で触れたセグウィットというしくみを仮想通貨に導入する手法がよく知られています。

ハードフォークは、ブロックチェーン自体の仕様が変わる処理です。ハードフォーク前のブロックチェーンとハードフォーク後のブ

●ハードフォークのソフトフォークのイメージ

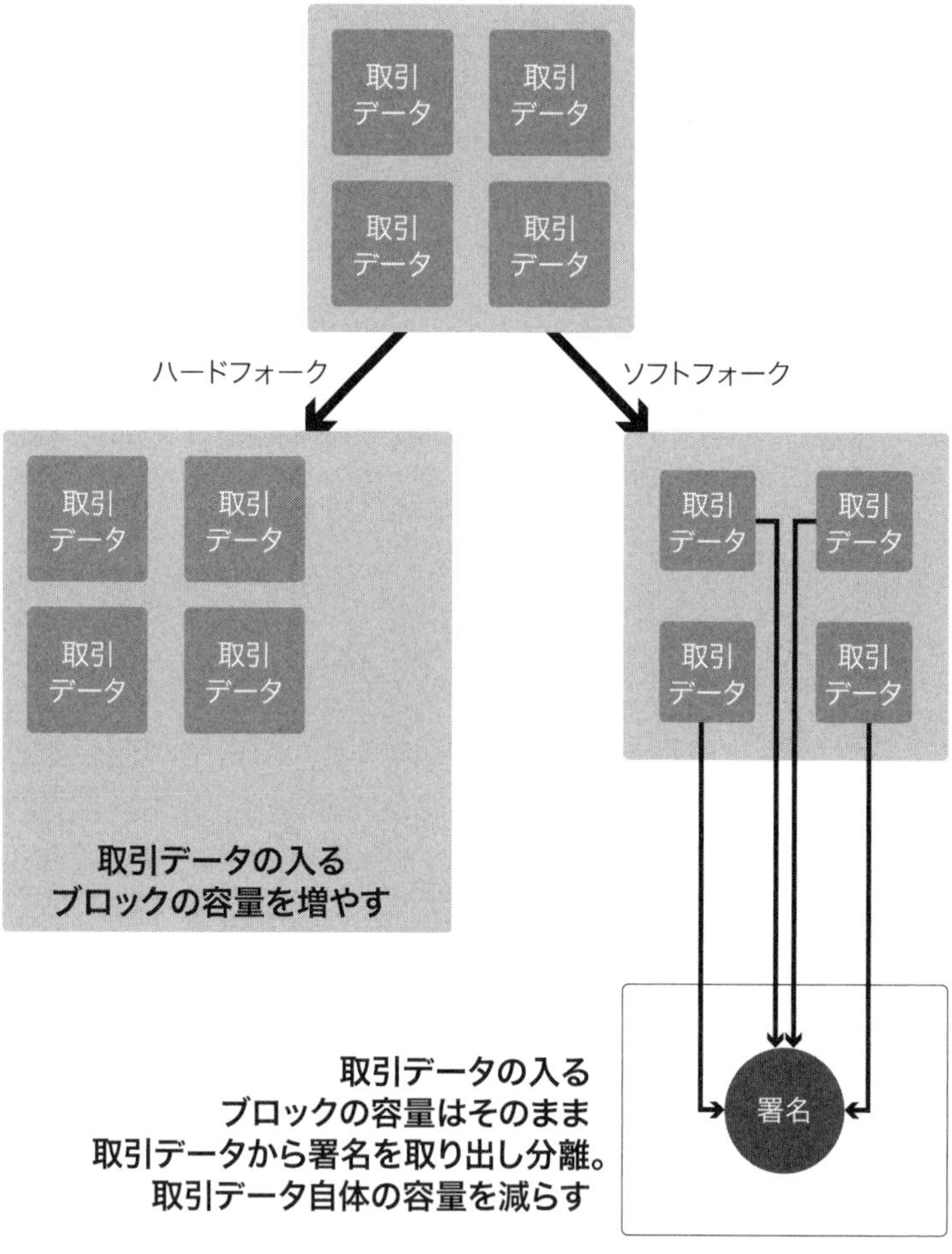

出所：著者作成

ロックチェーンが枝分かれし、そのまま分裂してしまいます。つまり、新しい仮想通貨が生まれ、古い仮想通貨と並行して利用されるようになります。

これに対し、ソフトフォークはブロックチェーンの仕様を変えずに、仮想通貨をバージョンアップさせる処理です。つまり、新しい仮想通貨が生まれることなく、仮想通貨をバージョンアップすることができるのです。

新旧が混在する

ただ、同じ仮想通貨のなかで、ソフトフォーク前の仮想通貨とソフトフォーク後の仮想通貨が混在することになります。

どちらを残していくかはマイナー次第で、より多くの支持を集めた仮想通貨が残ることになります。

一般的にはハードフォークよりもソフトフォークのほうが、影響が少ないと考えられています。

セグウィットを歓迎したのはほかでもないビットコインでした。

２０１７年８月、ビットコインはソフトフォークを実施し、セグウィットの機能を実装しました。

これによって、問題は解決するかと思われたのですが、セグウィットが導入されたビットコインの比率はなかなか増えていません。なぜなら、セグウィットの導入に反対する声も相応にあったからだと考えられます。

２０１８年10月になって、一時的ではありますがようやくセグウィットを利用した取引データの比率が50％を超えたというニュースもありました。おそらく、この先もセグウィットを利用した取引データの割合が増えていくと考えられます。

SECTION

2-6

課題②51%問題

悪意を持ったマイナーが意図的にブロックを分裂させること

ハードフォークとは異なる理由の分岐

73ページで触れたハードフォーク（仮想通貨の仕様変更に対する関係者の意見対立で分裂すること）とは別の理由で、複数のブロックチェーンが出現してしまうケースがあります。

たとえば、同時に複数のブロックが採掘されたときや、悪意のあるノードがネットワークを混乱させようとしたりして、複数のブロックが同じブロックのあとに加えられるときなどに発生します。

そうした場合、どのブロックチェーンが正しいのかが判別できなくなるため、「長いブロックチェーンを正しいとみなす」というようなアルゴリズムが組み込まれています。

したがって、通常であれば、マイナーは自分のチェーンのあとに他のマイナーが続くよう、いちばん長いチェーンにブロックを加えるインセンティブをもつのです。このインセンティブにより、いちばん長いチェーンにマイナーが集中し、そしてマイナーが一つのチェーンに集中することにより、ブロックが分岐しても1つのチェーンに収束するようになります。

しかし、短いブロックチェーンが却下されたにもかかわらず、マイナーたちがあきらめずにブロックをつなげ続けた結果、本流のブロックチェーンよりも長くなると、いままで本流だったブロックチェーンが正しくないとみなされ、そのブロックチェーンに記録されていた取引履歴が、すべて「なかったこと」になります。これがハードフォークではないブロックの分岐の問題です。

51%問題

ハードフォークではないブロックの分岐は、複数のマイナーが同時に正しい計算値を求めたときに生じます。

もちろん、大勢のマイナーが計算に参加していますから、複数のマイナーが同時に正しい計算値を求めることになる確率は、0・2%程度といわれています。

それでもゼロではないので、どこかでブロックの分岐が起こる可能性はあるのですが、仮に起こったとしても、前述のプルーフ・オブ・ワーク問題で触れたように、より長いブロックを形成したほうが正しいブロックチェーンとみなされ、マイニングの報酬もより長いブロックを形成したほうに対して支払われるため、短いブロックチェーンがマイニングされ続けることは、基本的に起こりえません。いずれ長いブロックチェーンに収束されていきます。

しかし、悪意を持ったマイナーが、ネットワーク全体の計算能力の51%を握ったら、どうなるでしょうか。その場合、意図的にブロックを分裂させ、これまで正しいとされてきたブロックチェーンを乗っ取ることが可能になります。これが51%問題、あるいは51%攻撃と呼ばれるものです。

どういう実害があるのか?

51%攻撃はブロックチェーンが分岐したときに、不正がある（ブロックに含まれるトランザクションが誤っている）ほうのブロックチェーンを正式に採用し、伸ばし続けることです。

51%攻撃により不利益を被ることは主に

●悪意を持ったマイナーによるブロックの分裂とは？

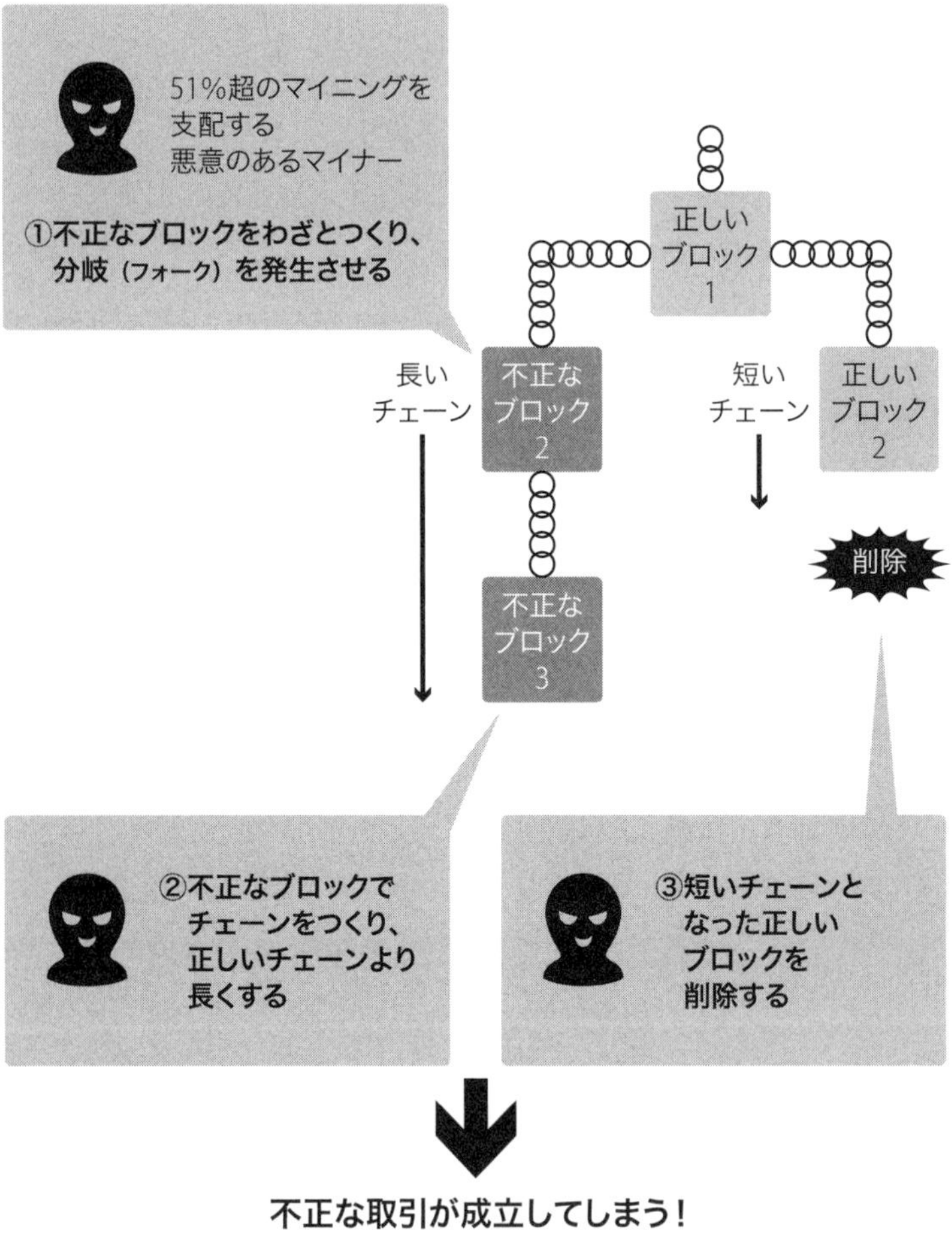

出所：著者作成

3つあります。

①取引の二重支払い
②取引承認の妨害
③マイニングの独占

取引の二重支払いとは?

①〜③のなかでわかりにくいのは取引の二重支払いです。

これは、要するに「同じビットコインで2回分の取引を行なう」ということです。たとえば、AさんがBTCをBさんに送ります。取引の二重支払いが起こると、この1BTCをCさんにも送ることが可能になり、1BTCしかないものが2BTC送れるようになり、取引するごとに2倍に増えていく結果になります。

取引関係者からすればうれしいことかもしれませんが、実態としてはビットコインの価値が希薄化していることになりますから、攻撃が行なわれたことがユーザーに伝わると、希薄化していることがわかり価格が暴落することが予想できます。

ただし、51%問題では、悪意を持ったマイナーが意図的にブロックを分裂させ、これまで正しいとされてきたブロックチェーンを乗っ取ることが可能になりますが、過去の取引を改ざんすることはできません。

51%攻撃は分岐を起点に行なわれますので、分岐以前のブロックチェーンに記録された取引データは書き換えることができないということです。

KEY WORD

ノード：ネットワークにつながる端末のこと。仮想通貨のノードという場合、仮想通貨の取引すべてに関わっている端末を指す。

マイニングプール：共同でマイニングを行なうマイナーの集団。51%攻撃は、個人ではむずかしくても、マイニングプールのような集団ならば理論上不可能ではない。

SECTION
2-7
課題③ リプレイアタック問題
ブロックチェーンが同じ「秘密鍵」を用いている場合に起こる

●送金データをコピーして不正送金

リプレイアタック（**リプレイ攻撃**）とは、ハードフォークが起きた際に、一方のブロックチェーンに向けて書かれた「送金データ」を丸ごとコピーして、もう一方のブロックチェーン上にそれを書き込むことによって、送金者が意図していなかった送金を行なうことです。これにより、ブロックチェーンが混乱したり、攻撃者が不正な利益を得たりする可能性があります。

仮に、ブロックチェーンが分裂し、ブロックチェーン（オリジナル）とブロックチェーンダッシュが登場したとします。

ハードフォークが起こると基本的にはかなり似たような性質をもつブロックチェーンが生成されてしまうため（たとえば、ビットコインとビットコイン・キャッシュ、ビットコインとビットコイン・ゴールドなど）、公開鍵を使って正しい取引データかどうか確認しても、正しいブロックチェーンと認識されてしまい、第三者による不正送金が行なわれるということが起きます。

このように、リプレイアタックの手口は、ハードフォークが実施されるタイミングを狙い、ブロック内に記載されている取引データをリプレイ（別のブロックチェーンでも実行させる）させることによって、送金者が意図していない別の台帳に資産を移してしまうものです。

同じ秘密鍵であることが問題

犯罪者が着目したのは、「旧仕様（オリジナル）」と「新仕様（分裂して新しく登場したもの）」のブロックチェーンがどちらも同じ「秘密鍵」を用いていることです。秘密鍵は取引に不可欠な暗号技術を用いたデータのことですが、「旧仕様」と「新仕様」でそれが同一であることから、リプレイアタックが可能となっているということです。

なお、このリプレイアタックは、個人が標的になるだけでなく、仮想通貨交換業者を標的とすることも可能です。ハードフォークが実施されたときに、きちんとした対策が施されていない仮想通貨交換業者では、その通貨の同一性を認識できないため、不正送金を繰り返して根こそぎ奪い尽くすこともできるというわけです。

リプレイアタックのイメージ

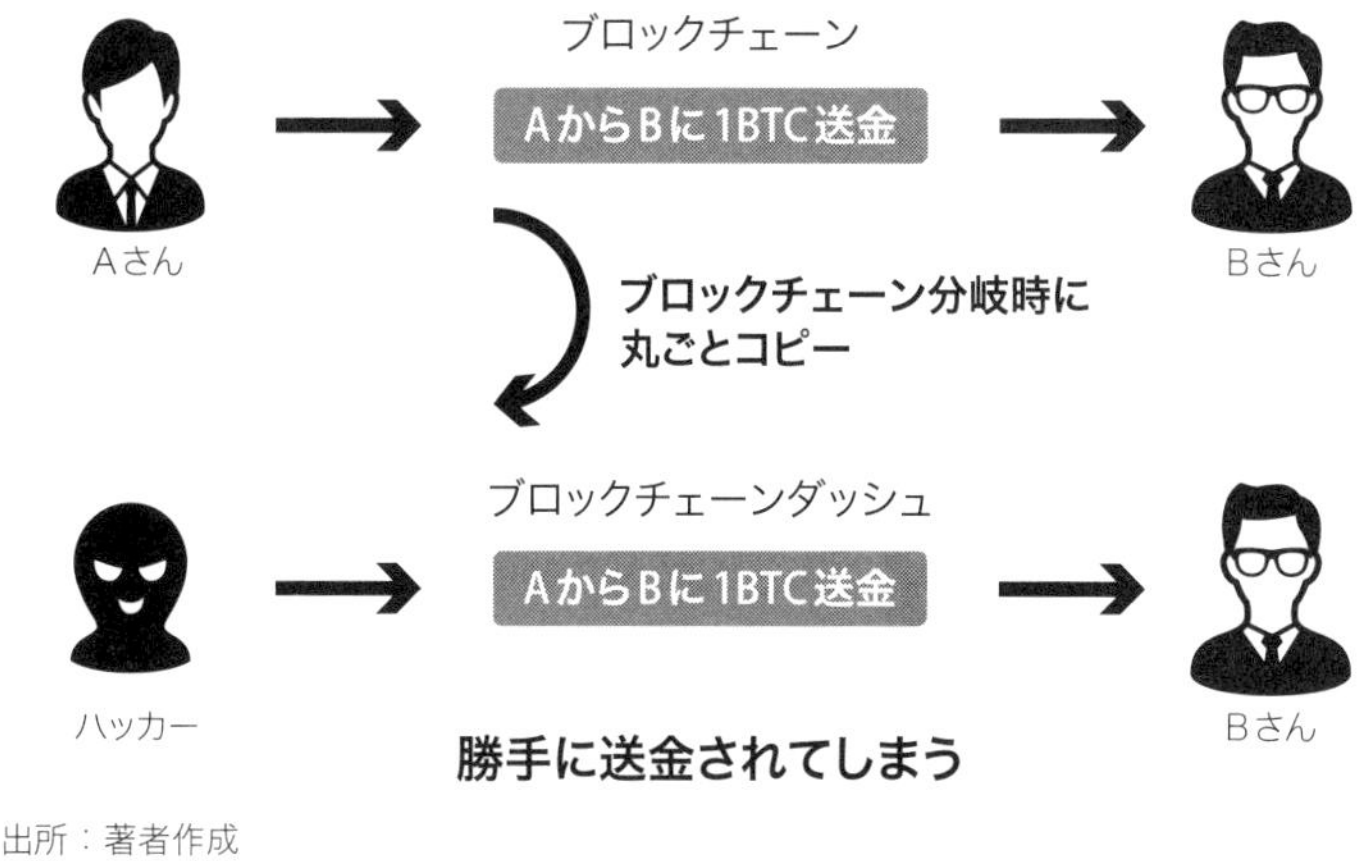

出所：著者作成

リプレイアタックの事例

2016年6月に「DAO」というトークン（代替仮想通貨、107ページ参照）がハッカーの標的となり、360万ETH（イーサリアムの単位）が不正送金で盗難にあいました。

DAOはイーサリアムという仮想通貨のブロックチェーン上に成り立っているトークンで、ドイツのベンチャー企業・Slock.itが運営する「The Dao」というプロジェクトで使用されていました。

投資家がイーサリアムを用いてThe Daoに投資をすると、1ETHあたり100DAOに交換されました。

このプロジェクトでは、出資を受けたい企業は、事業内容のプレゼンをします。そして、事業内容が承認されれば、出資を受けることができるというシステムです。

出資したい人はDAOを購入することで、出資を承認するかどうかを決める投票に参加できます。所持数に応じて投票できる数が変わるという、株式投資と似たシステムを持ちます。

DAOを保有すると、出資が承認された事業が利益を出した場合に、利益の一部が分配されます。ただし、出資が承認されれば、強制的に投資しなければなりません。

そのため、DAOには「スプリット」と呼ばれる出資を否認するオプション（システム）がありました。スプリットを選択した場合、所持しているDAOをすべて別の場所に27日間退避できるという具合です。

良いシステムだとは思うのですが、問題なのが、この機能を実行するプログラムに重大なエラーがあったことです。それは、スプリットを短時間に何度も行なうと、すべて承認されてしまうというエラーです。

たとえば、10DAOを持っているときに、短時間に「スプリット」ボタンを2回押すと、それがすべて成立されるので、20DAOが手に入ってしまったのです。こうやって不正に得られたDAOとイーサリアムが交換されたことで、360万ETHが盗まれたということです。

こういった事態の収拾にあたり、イーサリアム側は、ハードフォークを実施し、ブロックチェーン上から記録を抹消することで不正送金の事実はなかったことにしました。

ただこの対応には仮想通貨のあり方として問題があります。

というのは、仮想通貨は管理者が不在で国家に支配されないというのが良い部分ですが、イーサリアムが不利な状況になったとき、ハードフォークをして簡単にリセットできるのでは、「非中央集権的」という原則から外れてしまうからです。この部分は大きな議論を生み、イーサリアムはその後「イーサリアム」と「イーサリアムクラシック」に分裂することになります。

●リプレイアタックへの対処法は？

こうしたリプレイアタックへ対処するにはどうしたらいいのでしょうか。

一つは、ブロックチェーン上に「リプレイプロテクション」と呼ばれる機能を追加することです。これは、2つのブロックチェーンにおいて取引データを違うものと正しく認識させる技術的対抗策のことです。具体的には、目印のようなものを取引データの署名にくっつけるといったものです。

もう一つは、仮想通貨の保有者自身がハードフォークの直後に取引しないということです。これはリプレイアタックに限った話ではありませんが、ブロックチェーンが分岐した直後は予期せぬトラブルが発生しやすいので、回避しておくのがいちばんの対策といえます。

SECTION
2-8

課題④ ビザンチン将軍問題

分散型のネットワークで合形成を図る際に、不正な情報や信憑性の低い情報をどう防ぐか

●信憑性の低い情報がもつリスク

仮想通貨に触れていくと、「**ビザンチン将軍問題**」というワードを何度も目にします。一見、仮想通貨とはまったく関係がないように見えますが、ビザンチン将軍問題とは何なのでしょうか？

かつてヨーロッパにビザンツ帝国という帝国がありました。あるとき、ビザンツ帝国の将軍9人がある都市を包囲して攻め落とそうとしていましたが、この都市が強大な力を持っていたため、9人の将軍がそれぞれもつ部隊9つがすべて協力して攻めないと、この都市は落とせそうにありませんでした。一部隊でも欠けると攻撃は失敗してしまうという状況です。

そこで、「全軍で攻め入るか」「全軍で撤退するか」の二者択一を迫られることになったのです。しかし、都市を包囲している状態で9人将軍が全員集まるのは不可能に近いため、それぞれの将軍が「攻撃」か「撤退」かの判断を下して、それを伝令兵が他の8つの部隊すべてに伝えていくことによって、多数決で全軍攻撃か全軍撤退かを決めることにしました。

仮に「攻撃」を選択したとしても、他の5人以上の将軍から「撤退」という伝令がきたらそれに従って撤退することになります。このような方法をとることにより、多数決で

ビザンチン将軍問題のイメージ

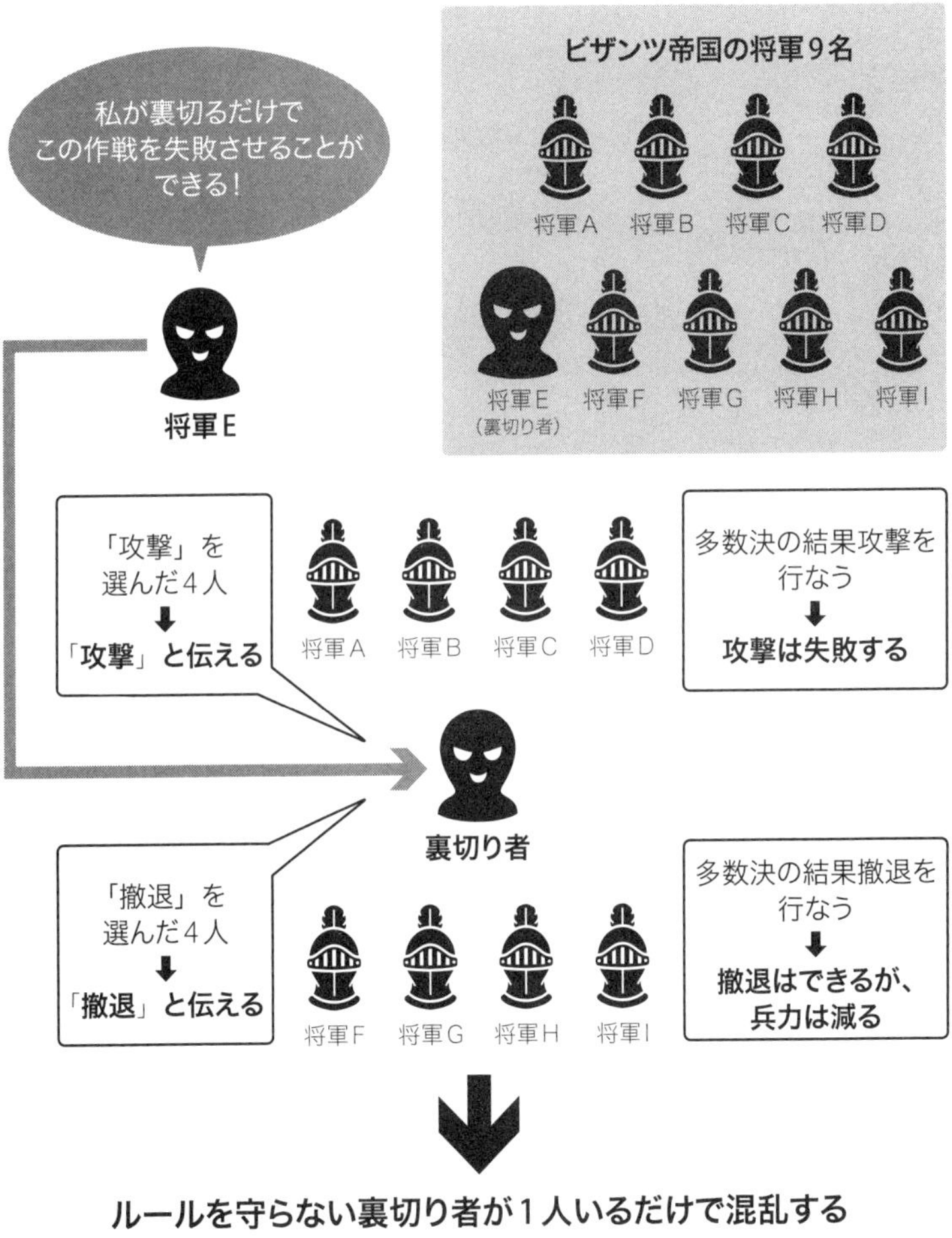

出所：著者作成

「全軍攻撃」か「全軍撤退」のどちらかができるようになります。

一見、賢い合意方法のように見えますよね。しかし、この方法には落とし穴があります。それは、「裏切り者」がいる場合です。この9人の将軍のなかに1人でも裏切り者がいて、この攻撃を失敗させたいと考えている場合に、合意できない場合があるのです。具体的にみていきましょう。

たとえば、1人が裏切り者で、他の8人のうち4人は「攻撃」、残りの4人が「撤退」と決めて、伝令が回ってきたとします。

裏切り者は8人から伝令を受け取ったら、「攻撃」を選択した4人には「攻撃」、「撤退」を選択した4人には「撤退」と伝えます。このとき、9人の将軍は離れていて、それぞれがどんな伝令を受け取ったかは共有できないので、自分の元に届いた伝令を信じるしかありません。

すると、4人だけで攻撃することになるので、攻め落とせず、4人の軍は倒され失敗に終わってしまうというわけです。

このように、1人の裏切り者が相手によって異なる伝令をすることで合意がうまくいかなくなってしまいます。

ビザンツ帝国におけるこの問題から「分散型のネットワークで合意形成を図る際に、不正な情報や信憑性の低い情報が紛れているとネットワーク全体としての合意形成ができなくなる可能性がある」という問題のことをビザンチン将軍問題といいます。

コンセンサス・アルゴリズムで解決

では、この問題が仮想通貨とどう関係があるのかですが、たとえば、仮想通貨であるビットコインは、分散型ネットワーク（中央管理者のいないネットワーク）を使用しているため、ビザンチン将軍問題と同様の問題が懸念されます。

　しかし、ビットコインでは、プルーフ・オブ・ワークという**コンセンサス・アルゴリズム**（19ページ参照）を採用することで、ビザンチン将軍問題を解決したのです。

　コンセンサス・アルゴリズムとは、ブロックチェーンに、誰の（どの）ブロックを追加するかというルールを定めたアルゴリズムのことです。ビットコインでは、このプルーフ・オブ・ワークが採用されているため、全体での意志決定（誰のブロックをブロックチェーンに追加するのか）が中央管理者なしに実現できています。

　ビットコインのプルーフ・オブ・ワークでは、参加者に計算問題を解かせ、いちばん早く正解を求めた参加者が生成したブロックをブロックチェーンに追加することを定めています（そして正解者には、報酬がもらえるようになっています）。


　なお、プルーフ・オブ・ワークでは、膨大な計算を課すことで、参加者の改ざんも困難になっています。

　改ざんして不正を行なう場合は、改ざん時点からすべてのブロックの計算をやり直していかなければなりません。そのやり直しスピードが現行の正しい処理で進んでいるものよりも早く、そして追いつかなければ正しいものとして扱われないので、改ざんするくらいなら正しい処理をしてブロックに追加してもらい、報酬を得たほうがよほど良いというしくみになっています。

KEY WORD

P2Pネットワーク：複数の端末が、サーバーを介さずに直接通信をやり取りするネットワーク。分散型ネットワークのこと。

プルーフ・オブ・ステーク（PoS）：コインを持っている人ほど報酬を受け取りやすくなる合意形成方式（68ページ参照）

SECTION 2-9

仮想通貨の発行量には上限がある?

デフレ通貨とインフレ通貨のどちらにも一長一短がある

●インフレを防ぐために必要

ビットコインは、円やドルと違い、発行量に上限があります。ビットコインの総発行量は「2100万BTC」という上限があり、それ以上、発行できない決まりになっています。また、約4年ごとに年間発行量の上限が減る「**半減期**」と呼ばれるシステムを採用しています。

なぜ、半減期が必要なのでしょうか。

円やドルなどは、中央銀行がその発行量を管理しているので、インフレ（お金の価値が下がって物価が上昇する）になったら発行量を減らし、デフレ（お金の価値が上がって物価が下落する）になったら増やすなどのコントロールができます。しかし、ビットコインには、中央管理者がいないので、発行量をコントロールすることができません。

しかし、ビットコインの総発行量は、2100万BTCと決まっているので、発行上限が決まっているなら誰もが上限に達する前にビットコインを欲しいと思うでしょう。

そのため、同じペースでビットコインが発行されると、急激なインフレが起きてしまう可能性が高いのです。

そこで、徐々に発行量を減らすことで、価格を安定的に上昇させる効果を狙っているわけです。ビットコインのように発行上限が決まっている仮想通貨は「デフレ通貨」と呼

◎ビットコインの発行量のイメージ

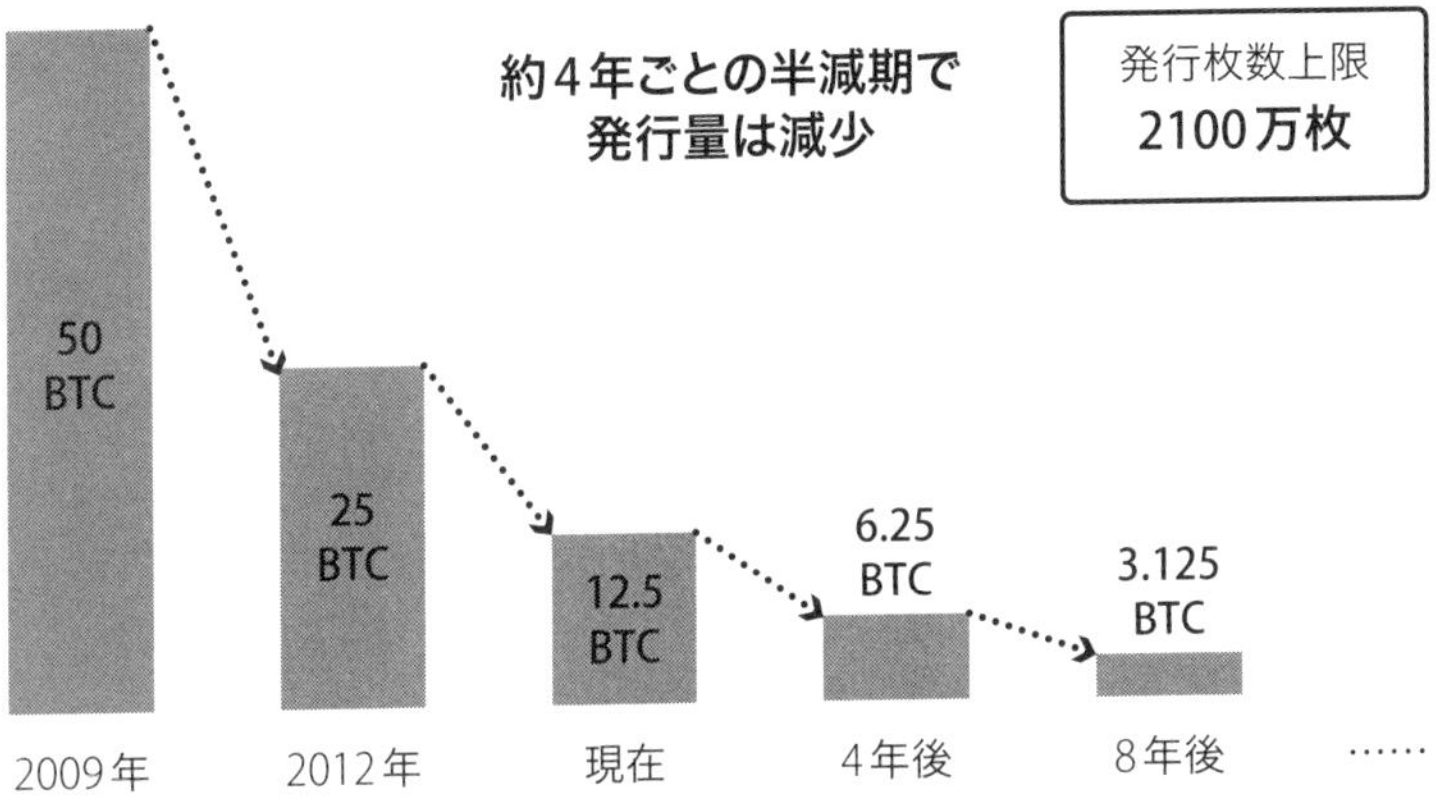

出所：著者作成

◎需給と価格の関係

状況	価格
需要増加 ↗	UP ↑
供給減少 ↘	UP ↑
需要減少 ↘	DOWN ↓
供給増加 ↗	DOWN ↓

出所：著者作成

ばれることがあります。

採掘され尽くすまでにあと121年

ちなみに、いまどの程度まで採掘が進んだのかといえば、2018年4月26日時点で1700万BTCを超えたといわれています。つまり、すでに発行上限に対して80％が採掘され、流通していることになります。

最初のビットコインが登場したのが2009年。それから9年間で発行上限の80％が採掘されたわけですから、残り20％が採掘されるのも時間の問題だと思うでしょう。

しかし、さきほど説明したとおり、ビットコインは時間の経過とともに、採掘できる量が減っていくように設計されています。結果、ビットコインが発行上限に達するのは、2140年とされています。2019年からみると、採掘され尽くすまでには、まだ121年もかかることになります。

したがって、ビットコインを買おうと思って本書を読んでくださっている方は、ビットコインの採掘が終わった後のことを、いまのうちから心配する必要は、まったくないといってもいいと思います。

デフレ通貨に問題はあるのか？

仮想通貨に限らず、法定通貨の場合でも同じく、通貨の価値が上がり、相対的に買えるモノの価値が下がることを「デフレ」といいます。ビットコインは**デフレ通貨**の代表です。

みなさんは、「今後しばらくのあいだ（たとえば10年間）、「デフレが続く」と言われたときにどんな行動をとりますか？　デフレという言葉の意味を知っている方ならほぼすべてが、お金を消費に回さず、貯蓄に回してしまうのではないでしょうか。

そう、ここが問題といわれるところです。仮想通貨の多くは、ビットコインのように発行上限数が決まっています。ビットコインは、2028年には上限数の98%が発行されますので、ビットコインを保有したいという人が増え（需要が高まり）続ければ、価格は自ずと上昇することが予想できます。

そして、多くの保有者たちがこのように予想すれば、決済などには使用せず、価格が上がったところで売却しようと思う人が増えてしまうのです。

仮想通貨は送金や決済などに使用できる新しい通貨として注目されましたが、「通貨」として流通はされず、たんなる投資商品で終わってしまう可能性があるわけです。

●仮想通貨には「インフレ通貨」もある

なお、時価総額が2位である「イーサリアム」には発行枚数の上限が設定されていません。このほかにも上限が設定されていない仮想通貨はありますが、これらは「**インフレ通貨**」と呼ばれることがあります。

ちなみに、イーサリアムの発行上限がないことによる価格への影響はいまのところは出ていません。価格が下落していない理由として考えられるのは、イーサリアムの将来性に期待している人が多いのではないかということ、まだまだユーザー数も少ないことなどがあるのかもしれません。

イーサリアムに発行上限を設けるべきかどうかは議論が分かれるところです。したがって、今後変更の可能性は十分あります。万が一、発行上限枚数が設定されると、イーサリアムの価値が上がることになりますので、その場合は価格が高騰することになるかもしれません。

KEY WORD

マイクロペイメント：1円未満など、少額の支払いを行なうシステム。クレジットカードや銀行などでは手数料が多くなるので不可能だが、仮想通貨ならば実現可能。

SECTION 2-10

ライトニングネットワーク

二者間取引のペイメントチャネルを複数つくる技術

●決済・送金処理の時間を短縮

仮想通貨の決済・送金スピードを劇的に高める、革新的な技術として期待されているのが「**ライトニングネットワーク**」です。

ビットコインで決済・送金を行なう場合、ブロックチェーンに取引情報を複数回書き込まなければなりません。その回数分だけ手数料と時間がかかります。10分間で1ブロック生成になっているため、どうしても10分以上のタイムラグが生じてしまいますが、ライトニングネットワークは独自の送金システムで瞬時の送金が可能です。

これを可能にするしくみは、複数の秘密鍵によるアドレスを使用して、ブロックチェーン外の二者間で取引を行なうというものです。「**ペイメントチャネル**」と呼ばれるライトニングネットワーク専用口座への入金記録さえあれば、ブロックチェーンに取引を記録することなく、送金できます。ペイメントチャネルでブロックチェーンに書き込むのは最初と最後の2回だけであるため、手数料も時間も通常の取引より軽減されます。

この二者間取引のペイメントチャネルを複数つくる技術がライトニングネットワークということです。

ライトニングネットワークのイメージは図のように、たとえば、Aさん、Bさん、Cさん、Dさんのあいだでペイメントチャネルをつくり、それを介して取引を行なうというものです。

　ライトニングネットワークを導入すると、1秒間につき1000件以上もの膨大な処理が可能になります。ビットコインは1秒間につき7件までしか送金できませんので、比較すると革新的な技術といわれるのはわかるでしょう。また、ライトニングネットワークでは、1円以下の少額な決済を低い手数料で行なうことができるため、WEBサービスでの利用の広がりが期待できます。

　ただ、良い面だけでなく、セキュリティ面にはまだまだ課題があるといえます。というのは、ライトニングネットワークは、ブロックチェーン外で送金プロセスが進むため、ハッキングを受けないようにセキュリティ面での対応が必要です。とはいえ、システムに完璧なものはなく、リスクはつきまとうものだからです。

●ライトニングネットワークのイメージ

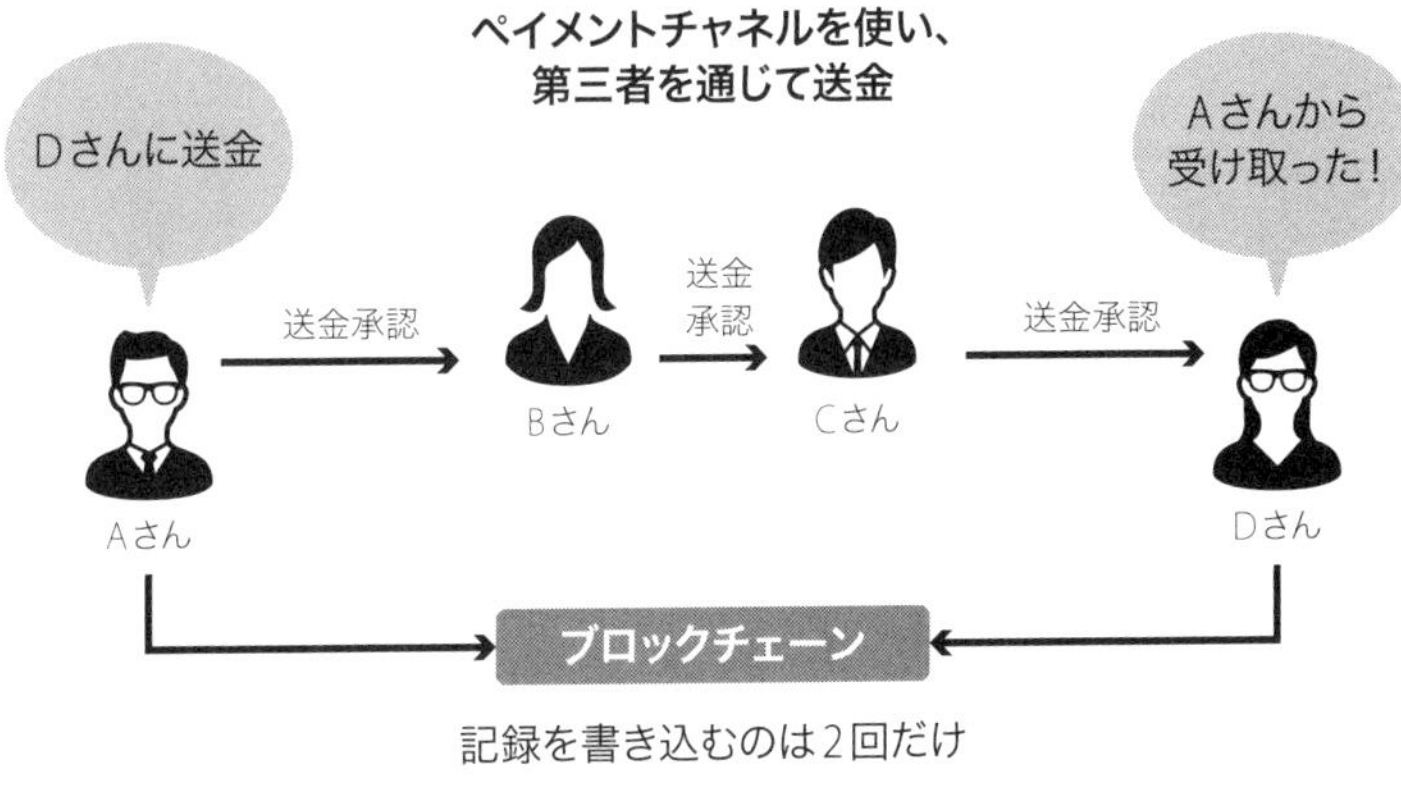

出所：著者作成

BEST INTRODUCTION TO ECONOMY

3章 これだけある仮想通貨の種類

SECTION

3-1 仮想通貨はビットコインだけではない

さまざまな種類があり、その数は1900種類を超えている

ビットコインは仮想通貨の一部

「仮想通貨＝ビットコイン」と考えている人がいるようですが、仮想通貨はビットコインだけではありません。

海外では、仮想通貨のことを**「クリプト・カレンシー」**といいます。これを日本語に訳すときに「仮想」とされたのですが、本来は「仮想」ではなく「暗号」という意味です。つまり**「暗号通貨」**というのが、正しい日本語訳であるはずなのです。

しかし、2017年4月から施行されている「改正資金決済法」で、暗号通貨ではなく仮想通貨という文言を用いてしまったことから、日本では法的にも「仮想通貨」と呼ばれるようになってしまいました。

それはさておき、仮想通貨には実にさまざまな種類があり、その数は実に1900種類を超えています。ビットコインがいちばん有名ですが、この1900種類超のなかのひとつにすぎません。

ビットコインは2009年に誕生

そのビットコインは、どのような経緯で世に知られたのでしょうか。

1章でも触れましたが、ビットコインを考案したのは「サトシ・ナカモト」を名乗る謎の人物です。名前の感じから想像すると日本人のようにも思えますが、日本人なのかどう

◉ビットコイン・イーサリアム・リップルの特徴

	ビットコイン（Bitcoin）	イーサリアム（Ethereum）	リップル（Ripple）
略称	BTC	ETH	XRP
発行年月	2009年01月	2015年07月	2012年
最大通貨発行量	2100万枚	なし	1000億XRP
承認時間	10分	約15秒	約4秒
通貨の特徴	個人間の送金を安く、すばやく行なうために生まれた通貨	ブロックチェーンを用いたアプリケーションをつくるためのプラットフォーム	国際送金に特化したネットワーク
良い点	・元祖仮想通貨。時価総額がもっとも高く、普及している ・決済に使える店舗がいちばん多い ・マイニングによって採掘可能 ・個人間で直接送金することができる	・ポストビットコインと呼ばれ、大企業からの出資が多い ・スマートコントラクトという自動送金のしくみに注目	・承認時間がとても早く、国際決済に優れている ・大企業との提携が多く、実用性が高いと見られている
悪い点	・決済のスピードが10分と遅い ・容量が小さいため、取引量の増加によって取引の遅延が生じやすい	・システムが難解で、技術者でも理解して使いこなすのが大変	・中央集権型の仮想通貨（取引の承認をリップル社が手がけている）。そのため、リップル社の倒産リスクがある

出所：著者作成

かわかりませんし、実在しない架空の人物かもしれません。SBIホールディングスの北尾吉孝会長は、2018年3月期の第2四半期決算説明会において、「ナカモト・サトシさんに会った」と明言していますが、本当でしょうか。

その後、北尾氏がサトシ・ナカモト氏に会ったことをニュースで取り上げる動きもなかったので、どのサトシ・ナカモト氏に会ったのかよくわかりませんが、決算発表会の映像を見ると、北尾氏は後半でこの件に触れており、「サトシ・ナカモトという人物は日本人ではなく、周りに40人くらいの博士号を持ったスタッフに囲まれて、どうやって仮想通貨の世界を大きくするかの議論を繰り広げている」などと語っています。

それはさておき、サトシ・ナカモト氏は、2008年にブロックチェーン技術に関する論文を作成し、それを公開しました。これをきっかけにして、その論文の内容に興味を持った世界中のプログラマーがインターネット上に集まり、ブロックチェーンを開発しました。

つまり特定の企業が、収益を得るのを目的にして自社開発したものではなく、世界中に散らばっているプログラマーたちが分担してコードを書き、最初のブロックを完成させたのです。

そして2009年、ブロックチェーンの最初のブロックが公開され、サトシ・ナカモト氏からハル・フィイー氏にビットコインが送信され、世界初の仮想通貨であるビットコインが、世に出るようになりました。

「仮想通貨＝ビットコイン」というイメージが強いのは、このようにビットコインが世界に先駆けて登場した仮想通貨であり、日々の取引高や時価総額において、他の仮想通貨をはるかに超えているからです。

ビットコインが他の仮想通貨を圧倒

時価総額は、現在流通している仮想通貨の単位に、現在の価格を掛け合わせることで求められるもので、いわば、仮想通貨の規模を示すものです。たとえばビットコインの場合、時価総額は約6・9兆円ですが、ビットコインに次ぐイーサリアムの時価総額は、約1・5兆円ですから、ビットコインの4分の1にも達していません。

次に取引高を比較してみましょう。一般社団法人日本仮想通貨交換業協会が発表した1日あたりの仮想通貨の取引量は、2018年3月31日で比較すると、次のようになります。

ビットコイン：4837億4000万円
イーサリアム：1406億5000万円
リップル：311億5000万円
ビットコイン・キャッシュ：326億1000万円
ライトコイン：313億8000万円

日々の取引高でも、ビットコインが他の仮想通貨を圧倒していることが見てとれます。

ちなみに時系列でこの数字を見ると、ビットコインの1日の取引高は、2014年3月31日時点では、29億円でした。それが2018年3月31日時点では4837億4000万円ですから、この4年間で実に、約176倍まで膨らんだことになります。

いまも日々、ビットコインはマイナーと呼ばれる人たちの手によって、マイニングされ続けています。

技術面で後発の仮想通貨より劣る

現状ではビットコインが時価総額でも取引高でもトップだと書きましたが、このままビットコインが仮想通貨のトップランナーであり続けられるという保証は、まったくありません。

なぜなら、仮想通貨の始祖であるビットコインですが、後発の仮想通貨は、ビットコインの問題点を改善する形で登場してくるため、使い勝手などの面でビットコインよりも優位なケースがあるからです。

たとえば、ビットコインには「承認」（プルーフ・オブ・ワーク）という作業があります。ビットコインで送金するなど、何か取引を行なった場合、それが正しい取引かどうかを検証する作業が行なわれ、検証の結果、正しい取引であることをマイナーが承認した時点で新しいブロックが形成され、それがチェーンのようにつなげられていきます。これが、いわゆる「ブロックチェーン」です。

2章で触れたように、現在、ビットコインの新規ブロックは10分おきに形成されています。したがって、取引の承認にかかる時間は約10分になるわけですが、２０１７年以降はビットコインの取引が爆発的に増えたことで、検証作業に時間がかかってしまうようになったという問題も生じました。

●後発コインの優位性

この点、ビットコイン後に登場した別の仮想通貨のなかには、イーサリアムのように、承認までの時間が数秒で完了するものもあります。

当然、仮想通貨を手に入れたいと思っている人たちは、「少しでも使い勝手が良い仮想通貨が欲しい」と考えているでしょうから、より使い勝手の良い仮想通貨が後発組のなかから出てくれば、徐々にビットコインの人気が後退し、他の仮想通貨に人気の中心が移っていくことも、十分に起こりえます。

SECTION
3-2 「アルトコイン」と「草コイン」とは？
ビットコイン以外のものを呼ぶときの俗称

新たに生まれ続ける「草コイン」

「アルトコイン」「草コイン」という言葉も、仮想通貨に興味をもつと、自然に目に入ってくると思います。まず誤解しないでいただきたいのは、アルトコインも草コインも、ビットコインのような仮想通貨の名称ではない、ということです。

アルトコインは、「ビットコイン以外の仮想通貨すべて」を指しています。

先にも触れたように、イーサリアム、リップル、ビットコイン・キャッシュ、ライトコインなど、ビットコインとは違った機能、特徴を持った仮想通貨がたくさんあります。その数は、実に1900種類を超えるほどですから、世の中にはものすごい数の仮想通貨が存在していて、日々、売買されたり、送金されたりしているのです。

時価総額が極めて小さい仮想通貨

次に草コインですが、これはアルトコインのなかでも、時価総額が極めて小さい仮想通貨を指しています。

海外では「Shit coin（シット・コイン）」などと呼ばれています。翻訳すると、かなり下品なネーミングですが、仮想通貨が世に出始めたころは、ビットコインが時価総額でも取引量でも、ほぼすべてといって良く、その他の仮想通貨はゴミというか、チリのような規模でしかなかったことから、ある種、侮蔑の意味を込めて、こう呼ばれたそうです。

そして、この言葉が日本に入ってきたとき、「草コイン」という言い方がされるようになりました。なぜ、シット・コインが「草コイン」なのかについては、いろいろな意見があるようですが、どうもネット用語の「草＝w　w＝笑」というところからきているようです。笑ってしまうほど時価総額などが小さく、とても通貨などと呼べたものではないという意味があるのかもしれません。

●草コインには値上がり妙味があるが……

草コインと呼ばれる仮想通貨は、時価総額でいくら以下が該当するのかについて、明確な基準はありません。そのため、草コインはどれなのかということが明確に示しにくいのですが、基本的に、日本国内の仮想通貨取引所で売買できない仮想通貨は、草コインと考えていいでしょう。

では、草コインにはまったく存在価値がないのかといえば、大半はそのとおりだと思います。何しろ１９００種類以上もありますし、取引量で見ても、ビットコインやイーサリアム、リップルなど、一般的によく知られている、少数の仮想通貨によって占められている部分が非常に大きいため、逆に種類で圧倒的に多い草コインの取引量は、極めて小さいと考えられます。つまり誰も必要としない＝存在価値がない、ということです。

それなのに、なぜこれだけ多くの草コインがあるのかというと、２つの理由が考えられます。

第一に、草コインだ、Shit coinだなどと、散々の言われ方をしても、草コインには爆発的に値上がりするポテンシャルがあることです。実際、ビットコインやアルトコインの価格が急騰した２０１７年後半にかけて、草コインのなかには、それこそ1万2500倍まで値上がりしたものもありました。

その草コインは、おそらく名前を聞いたことがないという人が大半だと思いますが、「Verge（ヴァージ）」といいます。もちろん日本の仮想通貨取引所では取引できません。2017年1月1日時点の価格は、1XVG（Vergeの通貨単位）＝0・0021円だったのが、2017年末には1XVG＝27円になったそうです。

それにしても、1万2500倍の値上がりは「すさまじい」のひとことです。もし、このVergeを10万円分保有していたら、価格がピークのときは12億5000万円になっていたわけです。

こうした爆発的に値上がりするポテンシャルが、草コインの投資妙味です。とにかく草コインを買っておけば、「いつか自分も、この爆発的な値上がりの恩恵に浴せるのではないか」という期待感、あるいは欲望がある限り、草コインがなくなることはないでしょう。ただし、問題点も多くあります。これについては次項で触れます。

ICOが活発に行なわれている

第二の理由は、ICOが活発に行なわれていることです。ICOとは「Initial Coin Offering（イニシャル・コイン・オファリング）」のことで、新規仮想通貨公開などと称されているようですが、要するに新規の仮想通貨を仮想通貨取引所に公開するというものです。

たとえば私が、「ちょっとしたお金の相談を、いつでも日本全国のプロのファイナンシャルプランナーに相談できるようなシステムを構築して、社会の役に立ちたい」というビジネスアイデアを持っていたとします。

しかし、このサービスを構築するためには、数億円というかなりの額のお金が必要です。

● ICOのイメージ

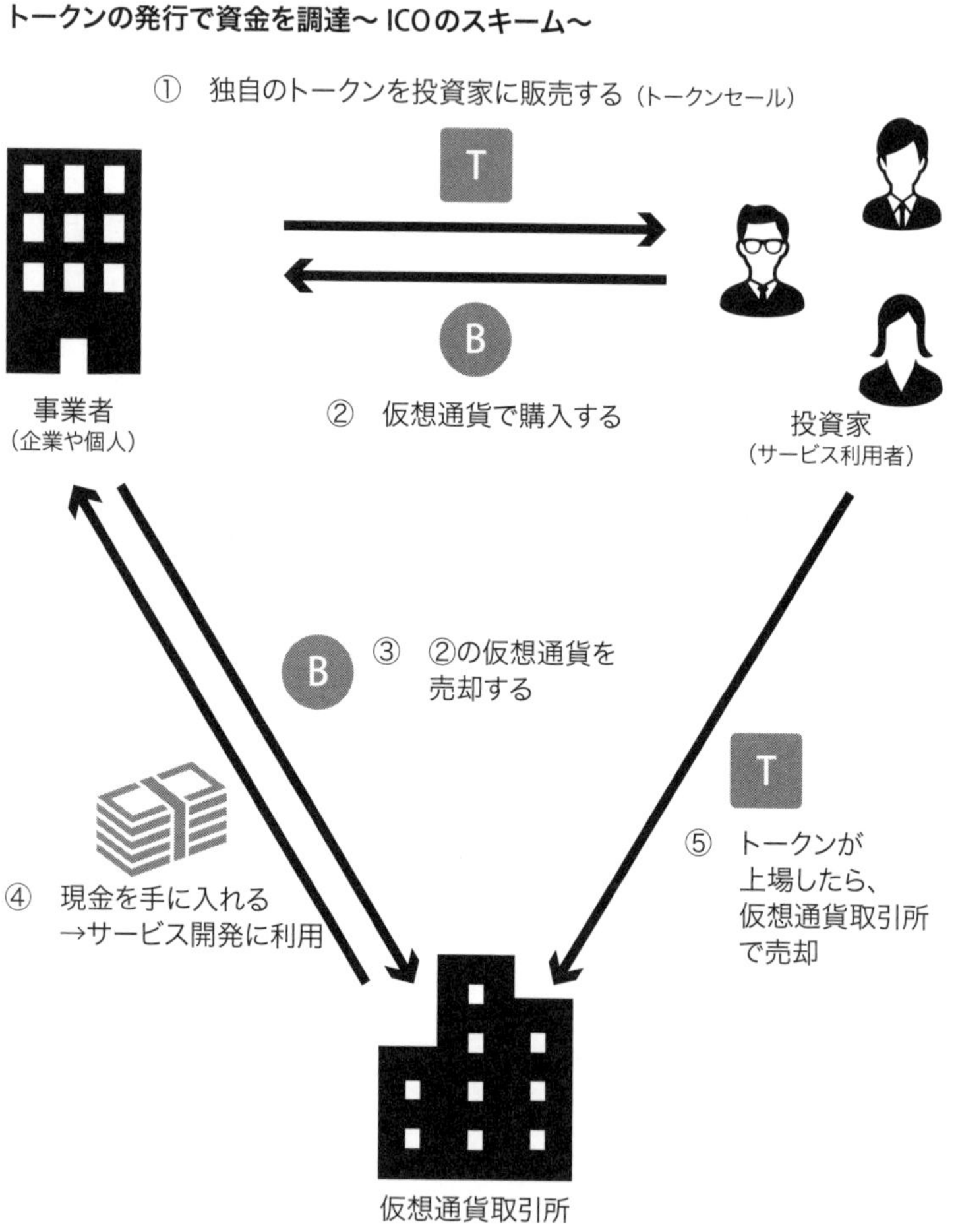

出所：著者作成

もちろん、私の手元には数億円もの余裕資金はありません。そこで、ここでは試しに事業者として「Mocha（モカ）コイン」という「トークン」を発行することにします。

トークンとは、他の仮想通貨のブロックチェーンを間借りする形で発行される仮想通貨のことです。トークンは一から開発するよりも簡単に仮想通貨を発行できるので、ＩＣＯでよく利用されています。そしてトークンは、仮想通貨で購入することになりますが、一般的にはビットコインでトークンを購入します。

株式投資では新規上場のことをＩＰＯ「Initial Public Offering（イニシャル・パブリック・オファリング）」といいますが、トークンは上場前の未公開株のようなものです。

通常、トークンは将来提供できるサービスができたときにサービス利用に使えるものになっています。

ＩＣＯで発行されるトークンはまだ市場に流通しておらず、価格も低く設定されているのですが、取引所に公開されて価格が高騰すれば破格の利益が得られることになります。

私は自分のアイデアを投資家に説明し、Mochaコインを数億円分のビットコインで買ってもらいました。このビットコインを円に交換することで、システムの開発資金を調達できる、というわけです。

その後、Mochaコインが仮想通貨取引所に公開されると、投資家は仮想通貨取引所でMochaコインを売却。Mochaコインは公開後に大きく値上がりしていたため、投資家たちも利益を得ることができました。

これがＩＣＯのおおまかな流れです。いまＩＣＯは世界的にものすごいブームになっており、それによってさまざまな仮想通貨が、世界中の仮想通貨取引所に公開されています。この流れが続いている限り、草コインは今後、ますます増えていく可能性すらあります。

SECTION 3-3

草コインは投機対象にさえなれない？

大半の草コインがまったく見向きもされないまま消えていく

投資というよりただの博打？

前項のVergeのように、あっという間に価格が1万2500倍にもなるような草コインがうまく見つかれば、投機対象としては、これに勝るものはありません。おそらく、この世の中のありとあらゆる投資対象、投機対象を比較しても、たった1年間で価格が1万2500倍にもなるものなど、存在していないはずです。

Vergeはそれを実現しましたが、私は草コインが投機対象にさえなれないと思っています。

そもそも、2017年末に1XVG＝27円まで値上がりする過程で売り抜けられた人は、果たしてどのくらいいたのでしょうか。

バブルとまで称された、2017年末にかけての仮想通貨の値上がりを、自分がそのポジションを持った状態で体験した人は、おそらくあそこで降りられなかったでしょう。それが相場心理というものです。

もちろん、売れた人がいて、買った人がいたからこそ、価格が形成されたわけですから、1XVG＝27円まで値上がりしたところで利食った人は、ほんの一部にせよいたわけですし、一方で、その高値を買った人もいるわけです。

高値で買った人は、その後、地獄を見ているはずです。何しろ、Vergeの価格は、他の仮想通貨と同様、２０１８年に入ってから暴落状態になり、２０１９年1月11日時点では、１ＸＶＧ＝０・８８円の安値をつけています。何と30分の1です。高値で１００万円相当のVergeを購入した人は、相当の後悔をしているはずです。

このように、たしかにVergeはものすごい値上がりをしましたが、うまく利益を確保するのは非常にむずかしいことだと思うのです。

詐欺コインも多い

また、大半の草コインはまったく値上がりしないまま消えていきます。草コインのうち95％は、誰にも見向きもされないと考えていいくらいです。つまり、Vergeのように暴騰する草コインに投資したいと思っても、そのような草コインに当たる確率は非常に低いのです。これは投機ですらなく、ただのギャンブルです。

なぜ草コインの95％は、消えてしまうのでしょうか。理由は２つ考えられます。

第一に、開発が途中で中止されてしまうこと。草コインの大半はＩＣＯによって公開されることは前述したとおりです。ＩＣＯは、何かプロジェクトがあり、それを進めるのに必要な資金を調達するために行なわれます。したがって、そのプロジェクトが途中で瓦解し、開発などが進まなくなると、仮想通貨の価値が失われてしまい、消滅の道をたどることになります。

第二に、詐欺コインが多いこと。詐欺コインとは、そもそも人からお金を詐取するためだけに発行される仮想通貨です。詐欺とはわからないように、表向きには何か新規のプロジェクトを立ち上げるためにＩＣＯするといった理由が付いています。

しかし、最初から人を騙すのが目的で行なわれるＩＣＯの場合、プロジェクト開発など進むはずがありません。たとえば、「某国政府の後押しで発行される仮想通貨で、これによって集まった資金でその国の社会問題を解決し、経済成長を目指します」というような、もっともらしい名目を打ち出して資金を集め、詐欺をするのです。

当然、詐欺ですから、ＩＣＯされても通貨が成長することはなく、詐欺であることが判明した時点で価値が失われます。こうしたＩＣＯに参加して、言われるがままビットコインなどを払い込んでしまうと、まるまる損失になります。昨今はこうしたＩＣＯ詐欺が多発しており、ますます草コインへの投資がむずかしくなっています。

●日本では取引が認められていない

こうした背景を考えると、草コインへの関心をもつ必要はないのではないかと思うのです。

そもそも、日本国内の仮想通貨取引所では、草コインの取引が原則として認められていません。では、どうするのかというと、海外の仮想通貨取引所を通じて取引する形になります。

たとえば、海外の仮想通貨取引所大手といえば「Binance（バイナンス）」が有名ですが、ここだと１２０種類以上の仮想通貨を取引できます。もちろん草コインも、この１２０種類のなかには多数含まれています。

とはいえ、日本語に対応していない取引所もあるので、使い勝手の面でハードルが高くなります。Binanceも、金融庁の警告を受けたことがあります、日本の仮想通貨取引所も、金融庁から業務改善命令が出されるなど、信頼性で万全とはいえませんが、仮想通貨のなかでも比較的、信頼性の高いものだけを扱っているので、日本の仮想通貨取引所で扱っている仮想通貨の範囲内で取引したほうが無難です。

SECTION **3-4**

ハードフォークで分裂して誕生した仮想通貨のほうが良い？

投資するなら二者択一ではなく、両方を分散して保有するのがいい

●コインを生成するために行なわれた例

2章でフォーク（分裂）問題について説明しました。

フォークには**ソフトフォーク**（以前のものと互換性あり）と**ハードフォーク**（以前のものと互換性なし）があるのですが、ハードフォークによって誕生した仮想通貨と、それ以前の仮想通貨はどう違うのでしょうか。

ハードフォークが頻繁に行なわれたのがビットコインです。

ビットコインのハードフォークは、アルトコインを生成するためのハードフォークと、コインの分裂を引き起こすハードフォークが行なわれました。

アルトコインを生成するためのハードフォークとは、ビットコインのシステムから派生した「**ライトコイン**」が該当します。システム自体はビットコインのそれを活用しつつ、ビットコインとは違うアルトコインを生成するというものです。

ビットコインのブロックが10分に1個の割合で生成されることは前述したとおりですが、これだと1取引にかかる時間が最低でも10分前後となります。

ライトコインは、1ブロックの生成にかかる時間を2・5分にすることで、ビットコインよりも素早い決済などを可能にした通貨です。それとともに、総発行量もビットコイン

1　3章

1　これだけある

1　仮想通貨の種類

の2100万枚に対し、その4倍に相当する8400万枚になっています。

コインの分裂を引き起こした例

次にコインの分裂を引き起こすハードフォークです。ビットコインの場合、過去何度も行なわれ、**「ビットコイン・キャッシュ」「ビットコイン・ゴールド」「ビットコイン・ダイヤモンド」**などが誕生しています。

一般的にハードフォークというと、コインの分裂を伴うハードフォークを指しています。よくハードフォークを株式の分割と同じイメージで説明されるケースがありますが、仮想通貨のハードフォークと株式分割はまったく異なる概念のものです。

たとえばメルカリの株式を分割した場合、分割前からメルカリの株式を持っている投資家は、それだけ自分の持ち株数が増えますが、分割前の持ち株も、分割後の持ち株も、等しくメルカリの株式です。

これに対してコインの分裂を伴うハードフォークによって誕生した仮想通貨は、大元の仮想通貨とは似て非なるものだからです。

そもそもなぜコインの分裂を伴うハードフォークが生じるのでしょうか。それには2つの理由があります。

ひとつはスケーラビリティ問題です。

ビットコインの場合、1ブロックに収納できるデータ量は1メガビットと決められています。ところが、ビットコインの取引量が増えるにしたがって、1ブロック1メガビットの容量では足りなくなり、ブロック内に収納し切れない取引が多発するようになりました。当然、収納し切れなかった取引は、それだけ承認が後ろにずれることになり、取引の速度が大きく低下するという事態に直面したのです。

そこでビットコインから分裂して誕生した

「ビットコイン・キャッシュ」は、1ブロックの容量を1メガビットから8メガビットに増やしました。「ビットコイン・ゴールド」や「ビットコイン・ダイヤモンド」も、1ブロックの容量は8メガビットです。

●再分裂した例

では、ビットコイン・キャッシュが誕生したのに、なぜさらに分裂する形でビットコイン・ゴールドやビットコイン・ダイヤモンドが誕生したのかというと、「マイニングの集中化」という問題があったからです。

現在、ビットコインのマイニングの約7割は、中国企業によって牛耳られているといわれています。たとえ民間企業であったとしても、中国の場合、共産党によっていつ国営にされるかわかりません。もし、マイニングの7割を寡占している中国企業がすべて国営化されたら、中国がビットコインのマイニングを支配することになります。

ここで生じてくるのが「**51%問題**」です。これは、マイニングに必要な計算力を特定の組織がもつことによって、ビットコインのデータが改ざんされるリスクが高まることを意味しています。2章でも触れたように、中国企業がマイニングの7割を占める現状は、この51%問題が大きなリスクになりつつあります。

さらにいえば、仮想通貨は中央集権的なものではなく、分散型の通貨システムなので、特定の国がマイニングの寡占化を進めると、仮想通貨の理念が成り立たなくなります。

このように、マイニングの集中化による弊害が現実のものになる前に、マイニングを分散化させようとして誕生したのが、「ビットコイン・ゴールド」であり、「ビットコイン・ダイヤモンド」だったのです。

なおビットコイン・ゴールドとビットコイ

ン・ダイヤモンドは、マイニングする際に用いるハードウェアのアルゴリズムが異なり、マイニングの集中化を一段と回避できるようにしてあります。

どちらがいいかは簡単に決められない

このようにハードフォークでコインが分裂する例はひんぱんにあるのですが、では投資することを考えた場合、ハードフォークが行なわれる前のビットコインと、ハードフォークによって誕生したビットコイン・キャッシュ、ビットコイン・ゴールド、ビットコイン・ダイヤモンドを比較すると、どれが良いのでしょうか。

これはどちらがいいと簡単に決められるものではないので、二者択一で選ぶのではなく、複数の仮想通貨に分散することをおすすめします。

前述したように、ハードフォークによって次々とビットコインの欠点を穴埋めする形で、新しい仮想通貨が誕生していきますし、ビットコイン以外のアルトコインのなかにも、優れた性能をもつものが存在しています。ですから、ビットコインだけを保有するのではなく、他の仮想通貨も分散保有したほうが良いでしょう。

そうした一方、アルトコインやハードフォークで誕生した仮想通貨は、まだ市場規模がビットコインに比べて小さいので、値上がり益を狙ったトレードを行なうのであれば、やはりビットコインの存在を無視するわけにはいかない、ということです。

KEY WORD

株式分割：1株を複数の株に分けること。1株を2株に分ける場合、発行済み株数は2倍になり、株価は理論上半分になるものの、分割前も分割後も同じ株である。しかし仮想通貨の場合、分裂前後で違う通貨になる。

SECTION 3-5

国内の仮想通貨取引所で売買できる仮想通貨

ビットコイン以外にもたくさんある

●それぞれの特徴は？

日本の仮想通貨取引所で売買できる、おもな仮想通貨の特徴について簡単に触れておきましょう。

●ビットコイン

仮想通貨のなかで最も大きな時価総額を持っています。取引高も多く、流動性が高いため、投機目的で売買しやすいのが特徴です。他の仮想通貨に比べて決済に用いることのできる店舗、ネット通販も多く、比較的法定通貨に近い使い勝手を兼ね備えています。

最初の仮想通貨ということで知名度が高く、仮想通貨取引といえば、まずビットコインから始める人も多く、したがって日々の取引高も多くなるわけですが、アルトコインに比べると、1ブロックの容量、ブロックの生成時間などの面で、見劣りする面もあります。当面、ビットコインが仮想通貨の主役であることに変わりはないと思いますが、ゆくゆくはアルトコインに主役の座を奪われることも考えられます。

・通貨単位：BTC
・発行上限：2100万BTC
・承認時間：10分
・時価総額：約6・9兆円
・取扱取引所：ザイフ（Zaif）、コインチェック（Coincheck）、ビットフライヤー（bitFlyer）、ビットバンク（bitbank）、フィスコ仮想通貨取引所（FISCO）、フォビ（Huobi）、ビットポイント（BITPoint）、GMOコイン、リキッドバイコイン（QUOINEX）、DMMビットコイン（DMM Bitcoin）、BTCボックス（BTCBOX）、SBIバーチャル・カレンシーズ

イーサリアム

アルトコインのなかでは最も大きな時価総額をもつメジャーアルト。ポストビットコインともいわれています。仮想通貨の主役をビットコインから奪うとしたら、イーサリアムが最右翼です。JPモルガン・チェースやトヨタグループ、マイクロソフト、三菱UFJフィナンシャルグループ、IBMといった、世界的な大企業も出資しており、それが信頼度の高さにつながっている面もあります。

イーサリアムの最大の特徴は、「**スマートコントラクト**」という技術を実装している点にあります。

「スマート（＝賢い）コントラクト（＝契約）」とは何のことか意味がわからない人も多いでしょう。ここでいう「スマート」は、「自動化された」という意味でとらえるのが正しいと思います。

たとえば「誰にいつ送金する」といった契約内容が自動的に実行されるとともに、その実行内容がネットワーク上に記録されるため、契約の条件確認から実行までを、すべて自動で行なえるようになるのです。

このしくみが浸透すると、たとえばミュージシャンが自分のコンテンツをファンに届けるまでのあいだに多数の中間業者が介在することで、コンテンツと対価のやりとりがスムーズに行なわれていたのを、中間業者なしで、ミュージシャンとファンが直接つながって、

コンテンツと対価のやりとりができるようになります。中間業者がいなくなれば、ファンからミュージシャンのところに対価が入ってくる時間が短縮化され、かつ中間業者に対して支払っていたコストも節約できます。

つまり、イーサリアムはたんなる仮想通貨ではなく、将来的には新しい契約管理の形を実現していくプラットフォームになりうる可能性を秘めているのです。

・通貨単位：ETH
・発行上限：なし
・承認時間：約15秒
・時価総額：約1・5兆円
・取扱取引所：ザイフ（Zaif）、コインチェック（Coincheck）、ビットフライヤー（bitFlyer）、ビットバンク（bitbank）、フォビ（Huobi）、ビットポイント（BITPoint）、GMOコイン、リキッドバイコイン（QUOINEX）、DMMビットコイン（DMM Bitcoin）、BTCボックス（BTCBOX）、SBバーチャル・カレンシーズ

リップル

リップル社が発行している仮想通貨で、送金・決済に機能を特化させているのが特徴です。もちろん、ビットコインやイーサリアムでも送金・決済は可能ですが、前述したようにビットコインは処理速度に問題があり、送金や決済に時間がかかりますし、認証作業を行なうマイナーたちは、送金などにかかる手数料が高くなるほど、マイニングによって得られる報酬が高くなるので、いまのしくみを維持したいと考えており、手数料がなかなか下がらないという問題があります。

イーサリアムも、基本的にビットコインと同じ認証方式をとっているため、どうしても処理の容量や速度に問題を抱えています。

この点、リップルは認証方式がビットコインやイーサリアムと異なり、大量の情報処理をスピーディーに実行できます。しかも、送金にかかる手数料も極めて低く抑えられています。何しろ承認時間は、ビットコインの10分に対して、リップルは約4秒です。

また、リップルはリップル社という営利企業がビジネスとして行なっているのが、ビットコインと大きく異なる点です。ビットコインは、あくまでもそれに興味を持った技術者が、ボランティアとして参加したプロジェクトでしたが、リップルは営利目的で運営されているため、技術者やマーケティングなど、運営にかかわっている人たちのモチベーションが高く、技術改良も素早いといわれています。

・通貨単位：XRP
・発行上限：1000億XRP
・承認時間：約4秒
・時価総額：約1・5兆円
・取扱取引所：コインチェック（Coincheck）、ビットバンク（bitbank）、フォビ（Huobi）、ビットポイント（BITPoint）、GMOコイン、リキッドバイコイン（QUOINEX）、SBIバーチャル・カレンシーズ

ビットコイン・キャッシュ

ビットコインからハードフォークされて誕生した仮想通貨です。基本的な構造はビットコインと同じなのですが、1ブロックの容量を高めたのが特徴です。前述したように、1ブロックの容量はビットコインが1メガビットですが、ビットコイン・キャッシュは8メガビットになります。

これも前述しましたが、ビットコインの取引量が増えるにしたがって、スケーラビリティの問題が生じてきました。1メガビットの

ブロックサイズでは処理し切れなくなり、処理待ちの取引が増えて、処理時間がどんどん遅くなってしまったのです。

その問題を解決するため、ビットコインからハードフォークするという形で生まれたのがビットコイン・キャッシュです。

・通貨単位：ＢＣＨ
・発行上限：２１００万ＢＣＨ
・承認時間：約10分
・時価総額：約２５００億円
・取扱取引所：ザイフ（Zaif）、コインチェック（Coincheck）、ビットフライヤー（bitFlyer）、ビットバンク（bitbank）、フォビ（Huobi）、ビットポイント（BITPoint）、ＧＭＯコイン、リキッドバイコイン（QUOINEX）、ＢＴＣボックス（BTCBOX）、フィスコ仮想通貨取引所、ＳＢＩバーチャル・カレンシーズ

ライトコイン

ビットコインを発展させたアルトコインで、ビットコインの補完的な役割を担わせる狙いで誕生したといわれています。

何を補完するのかということですが、前述したようにビットコインは、決済する際の承認時間が10分程度かかりますが、ライトコインはその4分の1である2分30秒まで承認にかかる時間を短縮しています。したがって、決済に用いる仮想通貨としては、ビットコインに比べてはるかに優れています。

とはいえ、時価総額を比べると、ビットコインが約6・9兆円であるのに対し、ライトコインのそれは約2200億円しかありません。ビットコインの補完的役割だからといえば、それまでですが、承認時間の短さで比べれば、他に優れた仮想通貨があるので、なかなか優位性を打ち出しにくい点が、知名度の低さにつながっていると思われます。

・通貨単位：ＬＴＣ
・発行上限：８４００万ＬＴＣ
・承認時間：約２分30秒
・時価総額：約２２００億円
・取扱取引所：コインチェック（Coincheck）、ビットフライヤー（bitFlyer）、ビットバンク（bitbank）、フォビ（Huobi）、ビットポイント（BITPoint）、ＢＴＣボックス（BTCBOX）、ＧＭＯコイン

●リスク

スマートコントラクトの技術が用いられていることから、イーサリアムと比較されることの多い仮想通貨です。ただ、イーサリアムとは違い、ブロックチェーンとは別に存在するサイドチェーンを備えていることから、決済の承認時間を短縮したり、メインのブロックチェーンでは処理し切れない取引を、サイドチェーンで処理したりすることも可能だという特徴をもっています。

また、これは開発側のメリットになりますが、開発言語がJavaScriptなので、開発に参入する際のハードルが低いため、開発に要する時間を短くしたり、質を高めたりする効果が期待されます。

・通貨単位：ＬＳＫ
・発行上限：なし
・承認時間：約10秒
・時価総額：約１５０億円
・取扱取引所：コインチェック（Coincheck）、ビットフライヤー（bitFlyer）

●ネム

コインチェック（Coincheck）の事件で話題になった仮想通貨です。ＮＥＭという名称の由来は、「New Economy Movement」で、その名のとおり、新しい経済圏をつくり出すと

いう思想があります。

　現時点において、主だった仮想通貨のなかでは、リップルが最も決済速度が速く、承認時間は約4秒ですが、ネムはそれをさらに上回る承認時間の達成を目指して、開発が続けられています。

　現在、リップルの取引処理速度は1秒に1000件ですが、ネムの開発が実用段階になれば、その取引処理速度は1秒に4000件ともいわれており、それが現実化した場合、リップルを大きく上回る利便性を発揮しそうです。

・通貨単位：XEM
・発行上限：89億9999万9999XEM
・承認時間：約1分
・時価総額：約550億円
・取扱取引所：ザイフ（Zaif）、コインチェック（Coincheck）

ファクトム

　ファクトムは、ブロックチェーン上にさまざまな書類や証明などを保存するプロジェクトです。ブロックチェーンは改ざんが極めて困難ですので、契約書やお金の貸し借りの記録など、間違いなく記録したい情報を保管するのに利用しようというわけです。ブロックチェーンの技術を通貨以外の用途に利用する「ビットコイン2・0」の例のひとつに数えられます。

　「ファクトムハーモニープロジェクト」と呼ばれる取り組みが注目されています。これは、アメリカの住宅ローン市場に関わっている不動産屋や金融機関が保有している情報をファクトムに保存し、中間マージンを減らす試みです。

　また、SMARTRAC社と開発している

「DLOC」という取り組みでは、個人情報や医療の履歴をステッカーに保存することで、その人に合った適切な医療を瞬時に提供することを目指しています。

実用性が高いことに加え、マイクロソフトと技術提携を行なうことでも話題になっている通貨です。

・通貨単位：FCT
・発行上限：なし
・承認時間：約10分
・時価総額：約61億円
・取扱取引所：コインチェック（Coincheck）

イーサリアムクラシック

名前のとおり、イーサリアムから分裂して誕生した仮想通貨です。したがって、備えている特性などは、イーサリアムに準じると考えていいでしょう。

もともとイーサリアムは将来性を期待されている仮想通貨でしたが、それゆえにサイバー攻撃を受けることも多く、セキュリティ面の課題があるといわれていました。

そうしたなかで、イーサリアムを利用して開発されたDAOという仮想通貨で、大規模なハッキング被害が生じました。それを機に、イーサリアムの開発チームが、「ハードフォークによってハッキングされる前の状態に戻す」という決断をし、コミュニティの90％がこれに同意。実際、ハードフォークが実行され、ハッキングされる前の状態に戻されました。

しかし、この動きに反対する技術者もいました。この対応が、「中央集権的だ」というのです。その批判をした一部技術者が新たに立ち上げたのが、イーサリアムクラシックなのです。

・通貨単位：ETC
・発行上限：未定
・承認時間：約15秒
・時価総額：約520億円
・取扱取引所：コインチェック（Coincheck）、ビットフライヤー（bitFlyer）

モナコイン

アスキーアートである「モナー」をモチーフにしており、純粋に日本発の仮想通貨になります。

ライトコインをベースにして開発されており、ビットコインに比べて送金時間が速く、かつ手数料が安いというメリットがあります。さらに日本国内においては、「モナ払い」といって、ショップなどの支払いに用いることができる仮想通貨でもあります。

・通貨単位：MONA
・発行上限：1億512万MONA
・承認時間：約1分30秒
・時価総額：約41億円
・取扱取引所：ザイフ（Zaif）、ビットフライヤー（bitFlyer）、ビットバンク（bitbank）、フィスコ仮想通貨取引所（FISCO）、フォビ（Huobi）

SECTION

3-6 ステーブルコインとは？

円やドルなどの法定通貨に連動する仮想通貨

法定通貨の価値に連動

法定通貨とは、日本円や米ドルの法で定められている通貨を指し、実際に存在して、発行量の上限がなく、信用性が高い通貨のことです。その価値は短期間での変動は少なく、長期的には物価の変動に合わせて価値が変動していく特徴を持っています。

「**ペッグ通貨**」とは、他の通貨と価値を連動する（ペッグ）ことで一定の価値を保つ通貨です。

仮想通貨の世界では法定通貨にペッグ（連動）するコインのことを「**ステーブルコイン**」と呼んでいます。

ステーブルコインは、法定通貨と比べた場合はもちろん、ビットコインなどの仮想通貨と比べても、価格変動による損失リスクを排除して低コストでスピーディーな取引ができます。

代表的なステーブルコイン「テザー」

有名な仮想通貨として、米ドルに裏付けされた**テザー**（Tether）があります。テザーは「**ドルペッグ通貨**」で米ドルに価値が連動しています。通貨単位はUSDTです。

テザーは1USDT＝1USDで取引できるように価格が安定しています。テザーがこの価値を担保できるのは、**プルーフ・オブ・リザーブ**（Proof of Reserve：支払い余力）を採用しているからです。

プルーフ・オブ・リザーブとは?

プルーフ・オブ・リザーブのしくみを簡単に説明すると、テザーの運営母体であるTether Limitedが保有する銀行口座に法定通貨（ドル）を入出金すると、その額に応じたテザーが増減されるというものです。

このプルーフ・オブ・リザーブによって、発行されたテザーと入金された法定通貨の総額は常に等しくなります。

テザーは、価格変動を抑えられた状態で価値保存が可能です。そして、低コストでスピーディーに送金できるといったメリットを持っています。

ただし、一般的な仮想通貨にある中央管理者が不在の非中央集権のコンセプトとは異なり、テザーには中央管理者が存在します。

よって、中央管理者であるTether Limited

Tetherのもつ「プルーフ・オブ・リザーブ」のしくみ

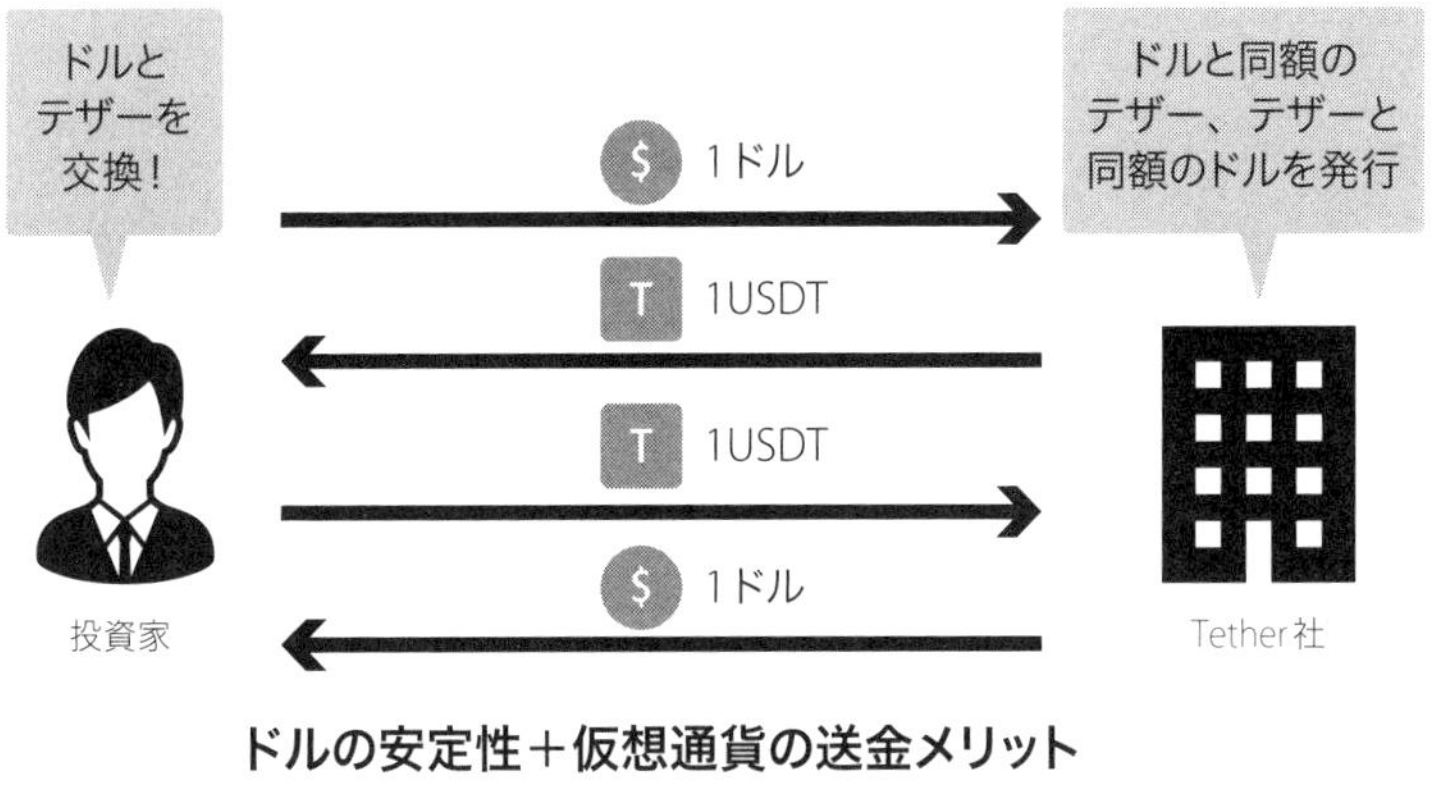

出所：著者作成

三菱UFJ銀行「coin」の利用イメージ

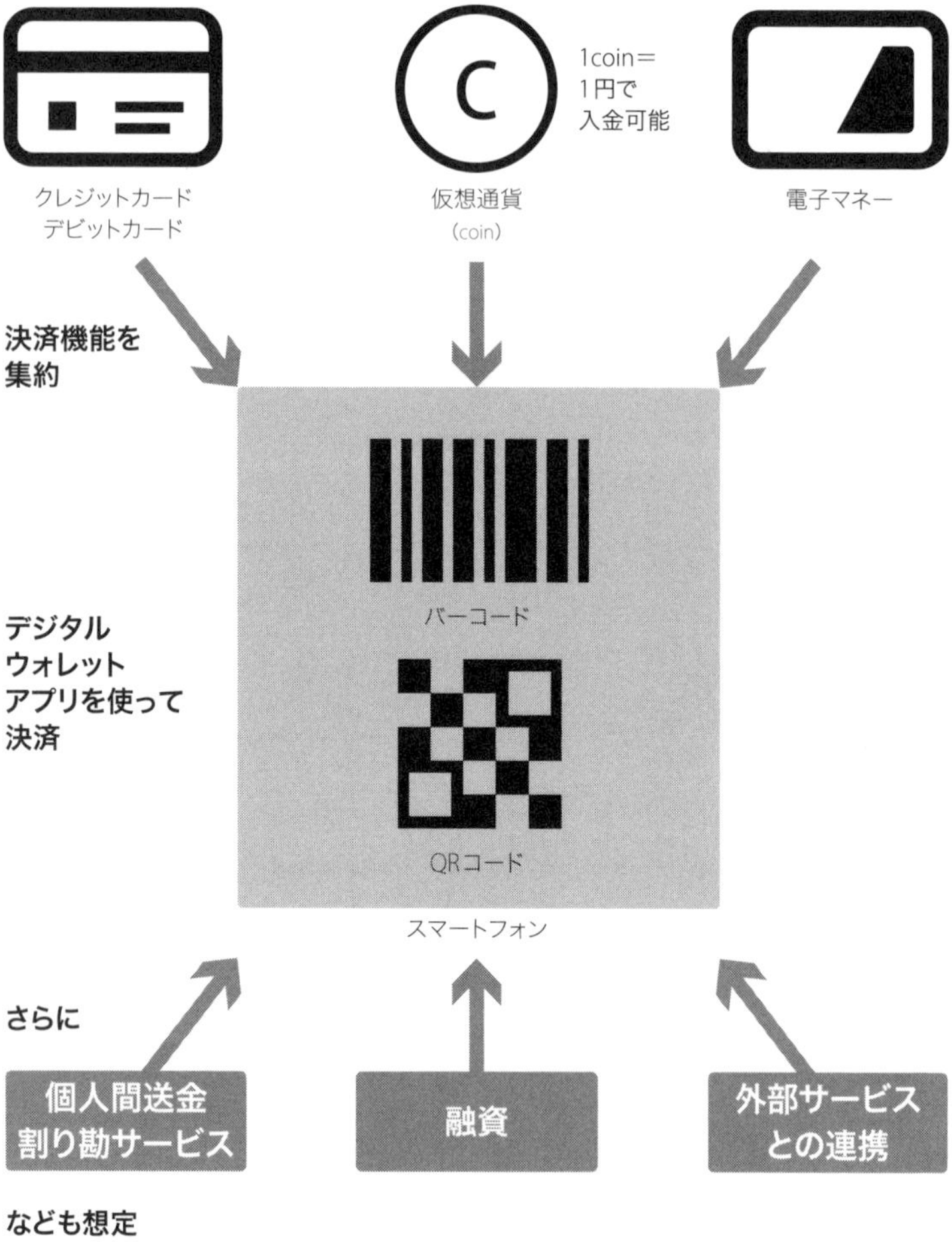

出所：著者作成

が破綻した場合のリスク、中央管理者が不正を行なうリスク、ハッキングされるリスクがある点には注意が必要です。

日本円を担保にしたステーブルコイン

実は日本円に連動している通貨はすでにあります。ＬＣＮＥＭが世界初の日本円を担保にした仮想通貨を発行しています。

これは、前払式の支払手段で決済するため、プリペイドカードなどのように法定通貨でポイントをあらかじめ購入します。

続々と円ペッグ通貨の開発が進む

日本では、**coin**や**Jコイン**など続々と円ペッグ通貨の開発が進められています。

coinとは、三菱ＵＦＪ銀行が実用化に向けて開発を進めている仮想通貨です。当初はＭＵＦＧコインという名称でしたが、変更されました。

１coin＝１円の価値をもつのが特徴で、**円ペッグ通貨**です。本稿執筆時点では、実用化の時期は未定ですが、少額のキャッシュレス決済やスマホアプリを使った送金などができることを想定されています。

Ｊコインとは、みずほ銀行・ゆうちょ銀行・地方銀行が共同して開発している仮想通貨です。coinと同様に、１Ｊコイン＝１円の価値をもつ円ペッグ通貨です。

このほか、ＳＢＩホールディングスが日本円と連動した「**Sコイン**」、ＧＭＯインターネットが日本円と連動した「**GMO Japanese YEN**」の開発を進めています。

KEY WORD

価格変動リスク：投資した金融商品の価格が上下する可能性。仮想通貨は全般的に価格変動リスクが高いが、ペッグ通貨の価格変動リスクはペッグ先の通貨（ドルや円など）と等しくなる。

キャッシュレス決済：現金を使わずに決済をすること。クレジットカードや電子マネーに加え、スマホによるバーコード決済も増えている。

SECTION

3-7 匿名コインとは？

プライバシーに配慮した仮想通貨のこと

●プライバシーに配慮する仮想通貨

仮想通貨のなかには、匿名性の高いものが存在します。**「匿名コイン」**「匿名通貨」などと呼ばれています。

ビットコインをはじめとする多くの仮想通貨には、ブロックチェーンという技術が用いられていることはすでに紹介したとおりです。

ブロックチェーンでは、取引の記録を収めた台帳のようなものをみんなで分散して共有しています。この台帳は誰でも見ることができ、みんなで記録・監視をしています。

たとえばビットコインで買い物をすれば、「ビットコインを支払った」「ビットコインを受け取った」という履歴が、台帳に記録されます。誰かが意図的に改ざんしようとしても難しいため、安全性が保たれるわけです。

しかし、ちょっと考えてみてください。

自分がお金をいくら使ったか、いくら手に入れたかが、すべて公開されるというのは、少し嫌な感じがしませんか。

たとえば、私たちがお店に行って、現金を使って買い物をしたとします。このことを、いちいちみんなに公開する必要はありません。何を買おうと（売ろうと）、それは私たちの自由です。ですから現金は、ある意味ビットコインよりも匿名性の高いお金と言えるかもしれません。

仮想通貨でも現金と同様、プライバシーに

匿名コインの匿名性のイメージ

Monero

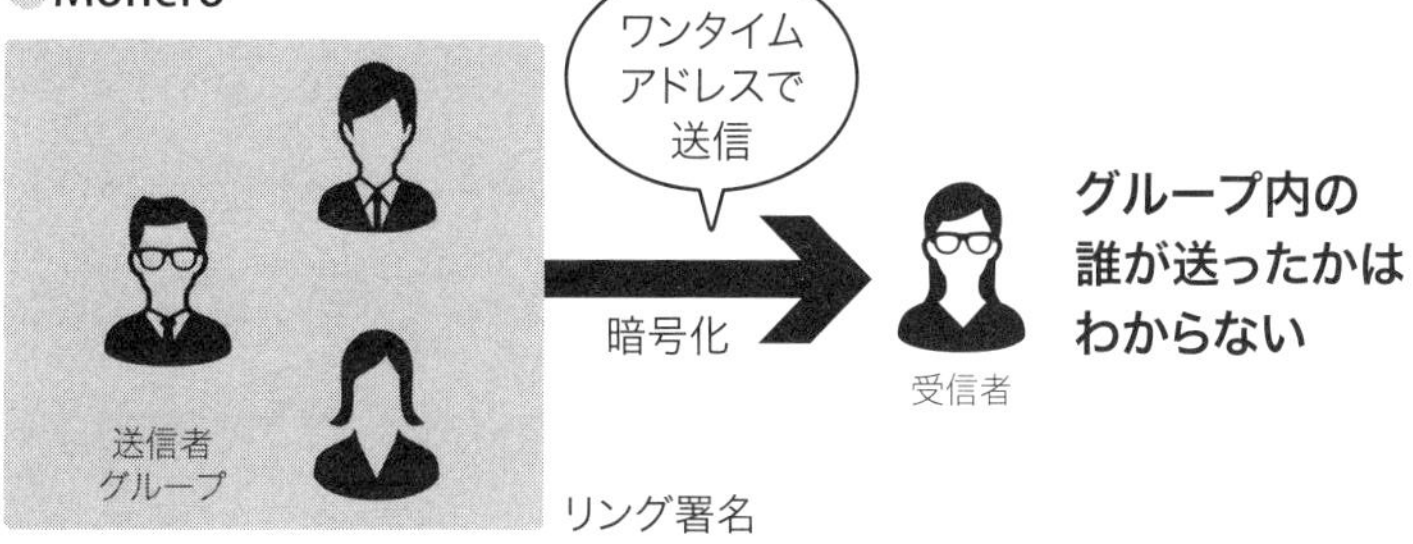

DASH

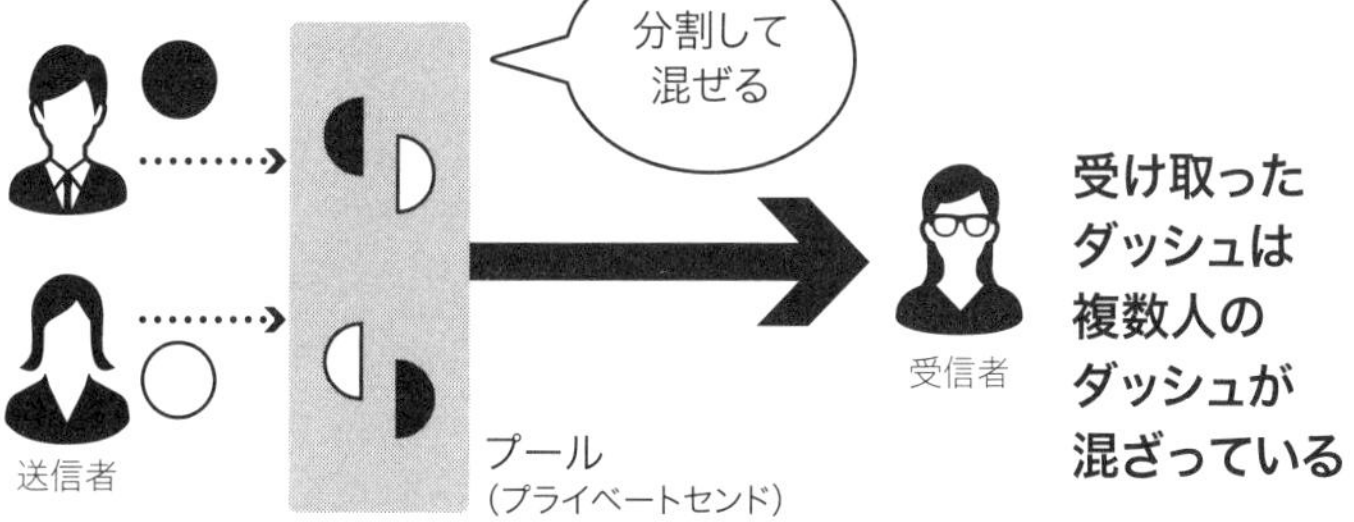

Zcash

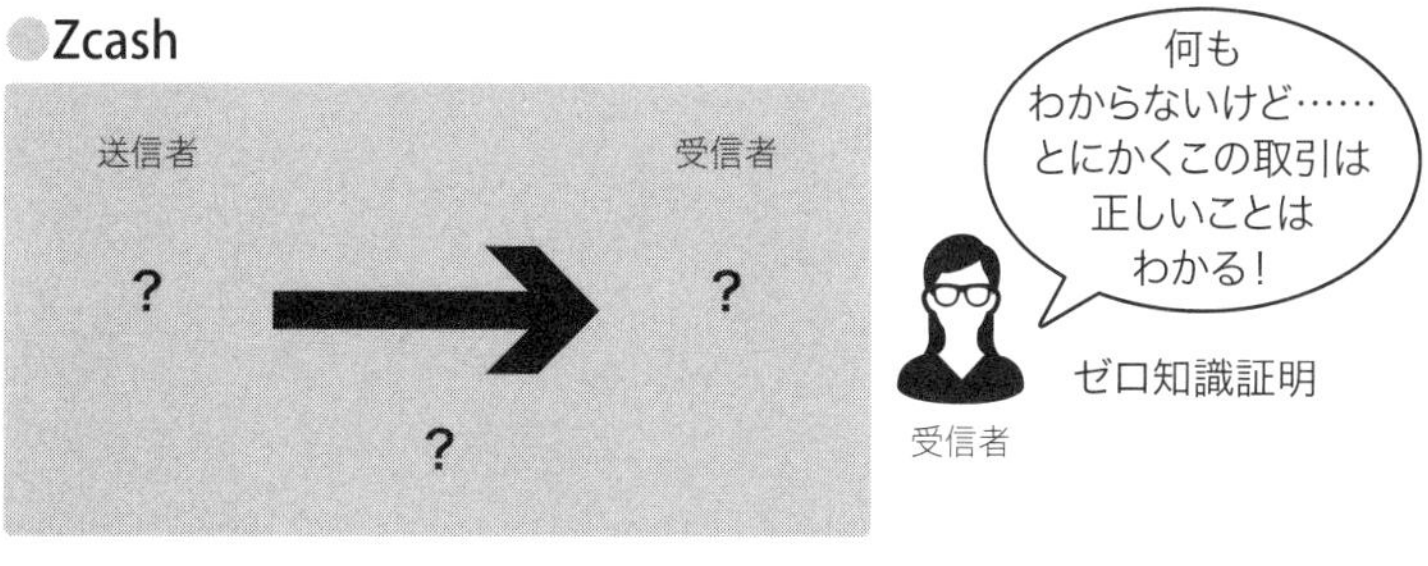

出所：著者作成

配慮してもいいのではないかという考え方がありますす。その結果出てきたのが、冒頭の匿名コインなのです。

主な匿名化のしくみ

匿名コインにはいろいろな種類があるのですが、ここではMonero（モネロ）・DASH（ダッシュ）・ZCash（ジーキャッシュ）の3つをごく簡単に紹介したいと思います。

① Monero（モネロ）

モネロは、２０１４年に公開された仮想通貨です。通貨単位はＸＭＲです。モネロは、匿名性の高い電子署名技術（リング署名）を利用して、通貨の匿名性を高めています。

通常、仮想通貨を送金するときには、送金者自身が電子署名を行います。そのため誰でも、送金した人が誰なのかがわかります。

これに対して、リング署名を使って送金する際には、複数人のグループの中で1回だけ有効なワンタイムアドレスが発行されます。そのうえ、そのアドレスをさらに暗号化した状態で署名が行われ、送金されます。

つまり、誰でも「グループの中の誰かが送金した」というところまではわかるのですが、その中の誰が送金したのかまではわからない、ということになります。

② DASH（ダッシュ）

ダッシュも２０１４年に公開された仮想通貨。現在の名前になったのは15年のことです。決済速度が1．3秒と、とても速いことでも知られています。通貨単位もDASHです。

ダッシュは、PrivateSend（プライベートセンド）という技術を使って、通貨の匿名性を向上させています。

ダッシュは送金されるときに、いったんブロックチェーン上にプールされて分割されます。そして、新たな組み合わせとなって送金先に送られるのです。

送られたダッシュは、複数のダッシュを組み合わせたものですから、誰から送金されたのかわかりにくくなるのです。

③ ZCash（ジーキャッシュ）

ジーキャッシュは2016年に公開された仮想通貨です。通貨単位はZECです。

ジーキャッシュは、ゼロ知識証明という技術を用いて、通貨の匿名性を保っています。これは、ごく簡単にいうと「知識ゼロでも取引が正しいことを証明する」技術。取引に使われるアドレスはもちろん、これまでの取引履歴や取引数量まですべて匿名にできます。モネロやダッシュよりも匿名性が高いといわれています。

次項でも紹介しますが、これらの通貨は、かつて仮想通貨取引所の一つ、コインチェックで取り扱っており、売買することができました。

しかし、2018年1月に発生した巨額流出事件は依然として解決していない状態です。ネムという、匿名通貨ではないような仮想通貨であっても、犯人を追跡することができていないのです。匿名通貨がさらなるマネーロンダリングなどの犯罪に利用される可能性は否定できません。

コインチェックは2018年5月18日、1か月後の6月18日をもってこれら3つの匿名通貨の取り扱いを廃止すると発表しました（なお、オーガーという通貨も一緒に取り扱いが廃止されました）。6月18日、対象の通貨は市場価格で売却され、日本円に戻されています。

したがって、日本の仮想通貨取引所でこれらの匿名通貨を売買できるところはありません。

SECTION 3-8

匿名性はいいこと？　悪いこと？

プライバシーを守ることが、犯罪を助長させることもある

●プライバシーを守るつもりが……

匿名コインについて紹介してきましたが、あなたはこの匿名性、いいことだと思いますか？　それとも、悪いことだと思いますか？

前述のとおり、お金の利用履歴がすべてこと細かに、全世界に向けて公開されているというのは、あまり気持ちのいいものではないかもしれません。見ようと思えば、「この人はずいぶん貯めこんでいるな」「こいつはずいぶん散財グセがあるな」などと、お金の流れがすべてわかってしまうからです。

匿名コインによって、そうしたプライバシーに多少なりとも配慮できるなら、いいことだと思われる方もいるでしょう。

●匿名性は犯罪にも便利に

しかし、残念ながらこうした匿名性が悪用される可能性も否定できません。

2018年1月、仮想通貨取引所のコインチェック（Coincheck）から、約580億円分もの大量のネムが流出した事件がありました。また、同年9月には同じく仮想通貨取引所のザイフ（Zaif）から約67億円の仮想通貨がハッキングされた事件が発生しました。

この2つの事件に共通しているのは、有志の**ホワイトハッカー**が犯人の特定を手伝ったことです。ホワイトハッカーとは、ハッキングの技術を理解したうえで、犯罪抑止や解決を目指す人たちのことです。

コインチェックの事件では、有志のホワイトハッカーが犯人の送金アドレスを特定できたとしています。また、ザイフの事件では、同様に送金者のＩＰアドレス（インターネット上の住所）を特定することに成功したといいます。これらは、いずれもブロックチェーンに取引の履歴が記録されていたからこそできたことです。

　残念ながら本書執筆時点では、どちらも犯人は捕まっていません。しかし、これがもし匿名コインだったら、そもそも犯人を追跡すること自体、できなくなってしまうと考えられます。プライバシーを守るつもりが、かえって犯罪を助長させるという、皮肉な結果につながってしまう恐れもあります。

　現に２０１８年1月、アメリカのセキュリティ会社・ALIENVAULT社は、北朝鮮が不正なソフトウェアを利用してモネロの採掘をしようとしていると発表しました。マイニン

●匿名性は本当に大切？

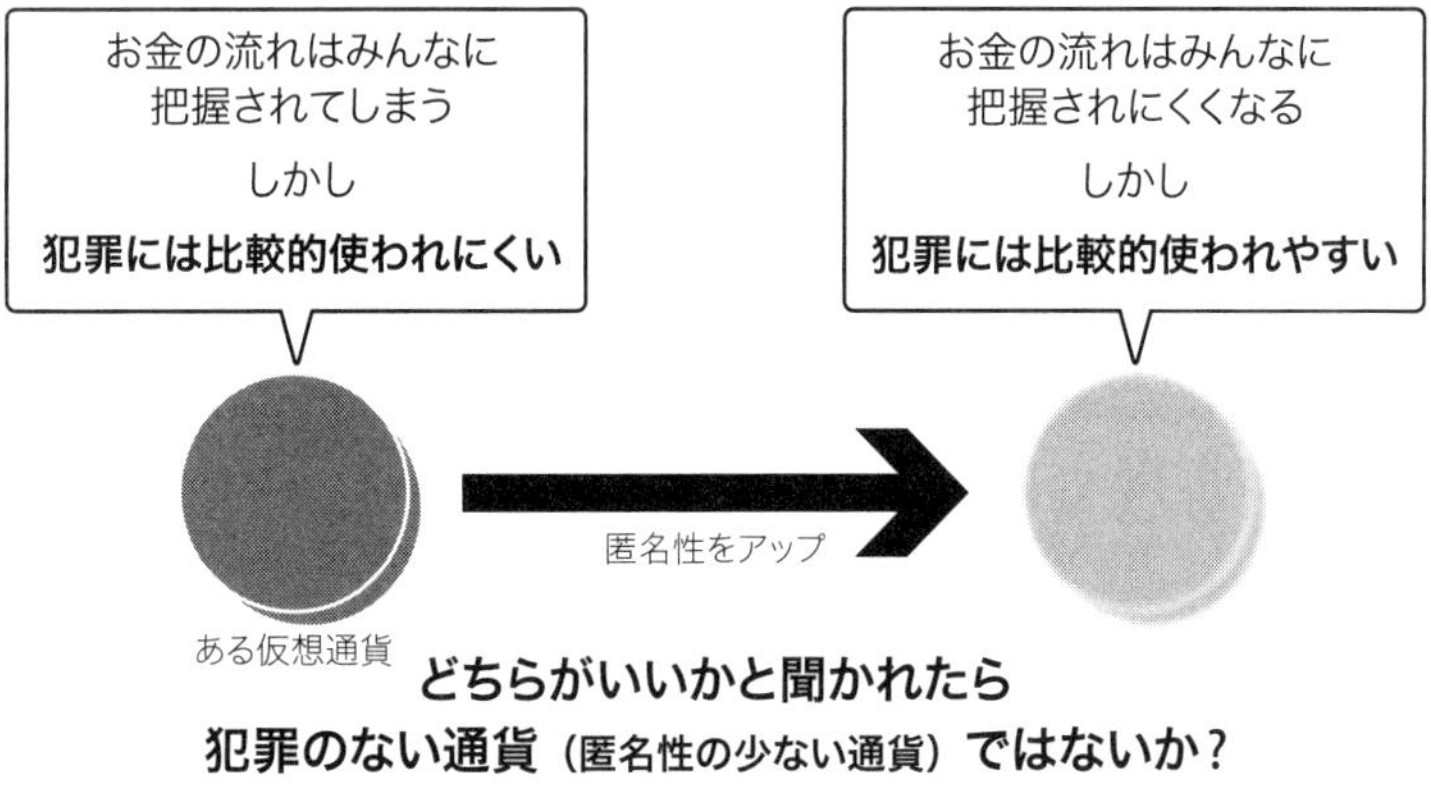

出所：著者作成

グされたモネロは、北朝鮮の大学のサーバーに送られるしくみだといいます。

まだ送金の事実はないようですが、国際社会から孤立し、経済制裁を受けている北朝鮮が外貨獲得のためにモネロを掘り出そうとしているのかもしれません。

仮にモネロを採掘し、それが北朝鮮に送られたとしても、匿名性の高さゆえに、追跡することはむずかしいと考えられます。北朝鮮に限った話ではないですが、そうした匿名の環境のなかに、ブラックマネーが入り込んで、**マネーロンダリング**（資金洗浄）されてしまう可能性も、ないとはいえないのです。

●国内では買えなくなった匿名コイン

モネロ、ダッシュ、ジーキャッシュといった匿名コインは、かつて日本でも、仮想通貨取引所のコインチェックが扱っていました。

しかし、2018年6月に、これらの仮想通貨の売買や入出金、保有などを廃止しました。1月の流出事件などを受けて金融庁から業務改善命令を受けるなか、「少しでも懸念のある通貨を取扱うことについては、当社として適切ではない」と判断したことがその理由だといいます。

これによって、匿名コインを扱う日本の仮想通貨取引所はなくなりました。

仮想通貨の匿名性の是非は、これからもたびたび論じられるテーマだと考えられます。賛否両論ありますし、これからの技術発展によっても変わってくるかもしれませんが、現状、仮想通貨の匿名性はあまりよくないことだと言わざるをえないと思います。

KEY WORD

公開鍵：仮想通貨を受け取るため、第三者に公開している鍵。銀行口座の口座番号のようなもの。

秘密鍵：保有している仮想通貨などを取り出すため、自分だけが知っている鍵。銀行口座の暗証番号のようなもの。第三者に教えてはいけない。

4章 仮想通貨の取引のしかたと成功のポイント

SECTION
4-1 仮想通貨の買い方・売り方とリスク
価格変動以外にもリスクがあることに注意

●売買する方法は2つ

仮想通貨を売買する方法は2つあります。一つは「**販売所**」。もう一つは「**取引所**」です。

まずは販売所での売買方法ですが、この方法は、取引所を運営する会社から直接売買する方法です。表示されている価格ですぐに購入、売却ができます。簡単に売買できますが、実際の相場よりも高い価格での購入、安い価格での売却となる点がデメリットです。相場価格との差額分は取引所への手数料ということです。

ただ、販売所取引は大量注文した場合でもすべて同じ価格で取引できるのがメリットだといえるでしょう。

次に取引所での売買方法ですが、こちらはユーザーとの直接取引になります。株などと同じように、「この価格で買いたい」「この価格で売りたい」というように自分で価格を決める「指値注文」と、価格を指定せずに売買する「成行注文」があります。

指値注文では、相場に見合った価格を提示しないと、いつまでも取引が成立しないという点や希望している個数の取引が成立しないという点がデメリット。成行注文では、想定外の価格で取引が成立してしまい、損になってしまう場合があります。

販売所取引や取引所取引の「指値注文」と

「成行注文」を上手く組み合わせながら売買するようにしましょう。

売買にまつわる5つのリスク

投資にはリスクがつきものです。投資の世界におけるリスクとは、「危険」というよりも、「収益のブレ」のような不確実性のことを指します。「リスクが大きい＝値動きが大きい」と覚えておくといいでしょう。

ビットコインをはじめとする仮想通貨も例外ではありません。というより、みなさんがよく知っている、株式、債券、投資信託、不動産、金、FXに比べて、価格変動リスクや流動性リスクは高いと思います。ですから、まずは仮想通貨取引につきもののリスクをしっかり把握し、そのリスクをとるにふさわしい資金で投資するのが大切です。

仮想通貨には大きく分けて5つのリスクがあります。価格変動リスク、流動性リスク、

仮想通貨投資における5つのリスク

リスク＝収益のブレのこと
リスクが大きいほど大きく儲かる可能性があるが、
大きく損をする可能性もある

出所：著者作成

カウンターパーティリスク、システムリスク、法令・税制リスクがそれです。それぞれについて説明していきましょう。

①価格変動リスク

ビットコインをはじめとする仮想通貨の魅力は、大きな値幅で動くことによって得られる利益です。

ただ、大きな利益が期待できる反面、大きく損することもあるのを忘れてはいけません。利益と損は表裏一体の関係にあります。前述したとおり、株式、債券、投資信託、不動産など、従来からある金融資産に比べ、仮想通貨の価格変動リスクは非常に大きいといえるでしょう。

仮想通貨は大きく損するリスクがあるし、実際、２０１８年に入ってからの急落で、かなりの人が損失を被っているのに、なぜこんなに人気があるのでしょうか。

筆者は、日本でここまで人気になったのは「億り人（おくりびと）」と呼ばれる人の存在が大きいと考えています。億り人とは、通常、仮想通貨に限らず、「投資」で1億円の資産を築いた人を指します。

仮想通貨で1億円稼いだという「億り人」が多数出現し、それがツイッターやＳＮＳで拡散されたり、ニュースメディア・雑誌に大々的に取り上げられたりしたため、「仮想通貨＝すごく儲かる」というイメージが、いままで投資をしたことがない人にも広まったと考えられます。

つまり、「楽に大金が手に入るかもしれない」という射幸心をあおってしまったのです。その点では、投資というよりもパチンコなどのギャンブルをしたいというノリに近いかもしれません。

仮想通貨は値動きが激しく、価格変動リスクが高いので、リスク軽減策としては、積み立てで購入することです。詳しくは後述しますが、購入するタイミングを分ける（時間分散する）ことにより、値動きによって生じるリスクと上手に付き合うことができます。

②流動性リスク

流動性リスクとは、必要な資金額をすぐに換金できないリスクです。具体的に流動性リスクが高い状況とは、取引市場（マーケット）での取引量が少なく、株式や債券などの金融資産を換金しようと思ったときに、すぐに売れなかったり、希望した価格で売れなかったりすることを指します。

流動性リスクは、大きく分けて、市場規模が低い商品自体によるものと、異常事態によるものとがあります。異常事態とは、市場の大暴落や、戦争・自然災害・システム障害に起因するものです。

「coinmarketcap・com」によると、仮想通貨市場の時価総額は2019年1月時点で約1230億ドル（約13兆円）です。

一方、株式市場の時価総額は、「World Federation of Exchanges」によれば、2018年12月末時点で約82・5兆ドル（約9075兆円）ですから、それに比べると、仮想通貨市場は、まだまだ小さな存在であることがわかります。

この市場規模で考えると、仮想通貨の流動性リスクが高いのは仕方ないでしょう。仮想通貨は取引所ごとに取引が行なわれていますが、買いたくても売りたい人がいなければ買えませんし、売りたくても買いたい人がいなければ売れません。

ユーザー数や取引頻度が少ない取引所や仮想通貨では、好きなタイミングで取引できない可能性がありますので、ユーザー数や取引頻度が高い取引所や仮想通貨を選ぶのがリスク軽減策の一つです。

③カウンターパーティリスク

カウンターパーティとは、取引の相手方のことです。カウンターパーティリスクとは、契約上定められた支払いが履行されないリスクのことです。仮想通貨の場合、ハッカーによって攻撃されたり、関係者の横領があったり、経営が上手くいかなくなったりなどで破綻するなどのリスクがあります。

カウンターパーティリスクを軽減するためには、運営会社の経営面、セキュリティ面などを精査して、選ぶのがポイントです。また、1か所だけでなく、複数の取引所に口座を開設しておくといいでしょう。

④システムリスク

仮想通貨はインターネット上にある資産なので、システム上のリスクは付き物です。ハッカーによる攻撃もありますが、パスワードの紛失や、誤操作のリスクもあります。また自分だけでなく、取引所の通信、システム機器の故障や通信障害なども想定されます。

カウンターパーティリスクでも触れたように、取引所は1か所だけでなく、複数の取引所に口座を開設しておくのがいいでしょう。

⑤法令・税制リスク

日本では、2017年4月に施行された改正金融商品取引法で、仮想通貨交換業者に登録制を導入し、国として仮想通貨を受け入れる姿勢を示しました。しかし、1章でも触れたように、世界には仮想通貨の取引を規制している国もあります。

コインチェックのような取引所の不祥事をきっかけとして規制を強める動きもあり、法律や税制には注目しておきたいところです。こうした規制の動きは仮想通貨の値動きに過敏に反応しますので、日本だけでなく、各国の動きをよく見ておきましょう。

SECTION 4-2

仮想通貨の取引にかかる手数料

「取引手数料無料」には注意が必要

●利便性がいいと手数料が高くなることも

仮想通貨取引では主に以下の手数料が発生します。

①入出金手数料
②預入・払出手数料
③取引手数料（スプレッド）

仮想通貨に限りませんが、金融商品を取引する際は、手数料をいかに抑えるかが重要です。一回一回の取引手数料が少額だったとしても、回数が多くなれば、負担は重くなります。では、それぞれの手数料について詳しく確認しておきましょう。

①入出金手数料

入出金手数料とは、「日本円を入金する」、「日本円で出金する」ときに発生する手数料です。仮想通貨取引所に口座を開設したら、その取引所で仮想通貨を購入するために、あなたの銀行口座から日本円を入金します。日本円を入金する時に発生するのが「入金手数料」です。

また、仮想通貨取引所で保有している仮想通貨を現金化する際、つまり円などの法定通貨に替える場合は、保有していた仮想通貨を円にしたうえで、あなたが指定する銀行口座に出金します。この仮想通貨取引所から銀行口座に出金する際に発生するのが「出金手数

●仮想通貨投資における3大手数料

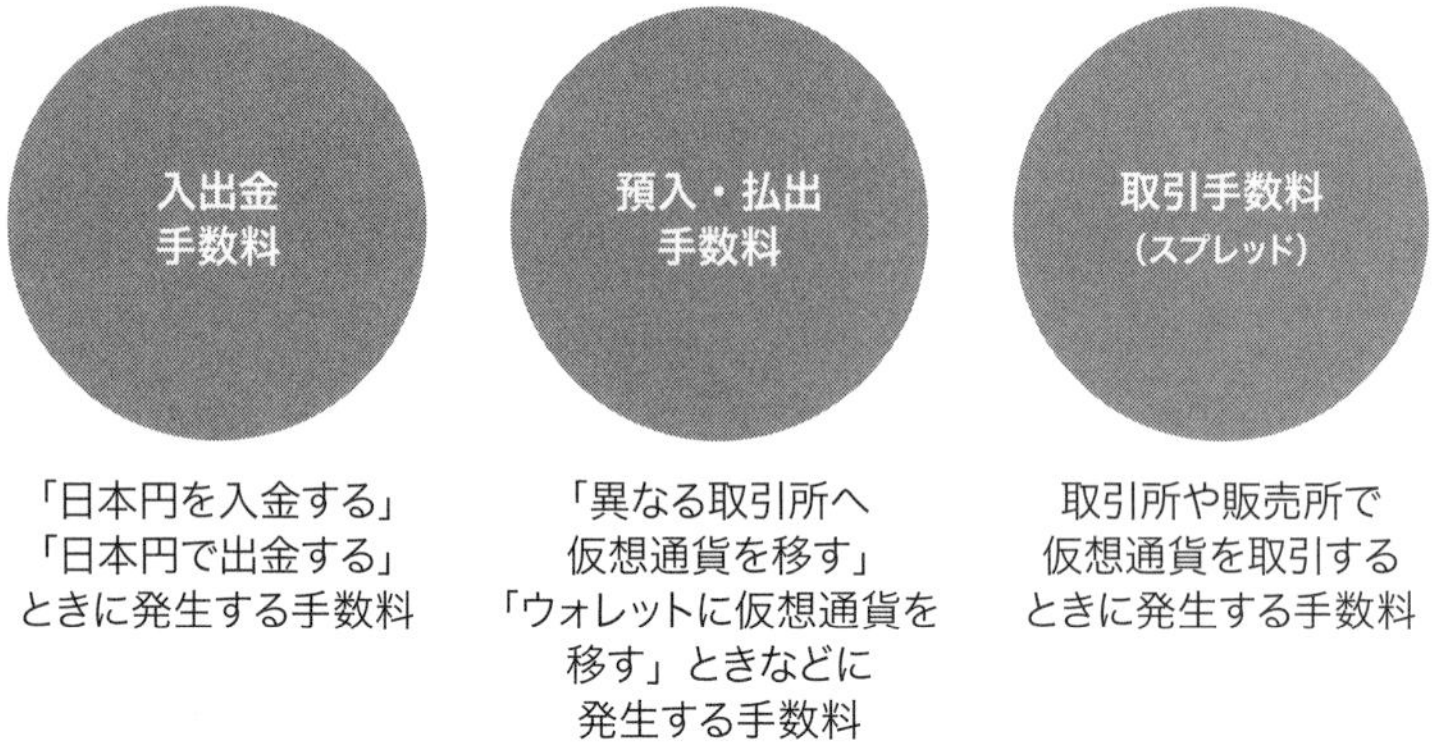
入出金
手数料
「日本円を入金する」
「日本円で出金する」
ときに発生する手数料
預入・払出
手数料
「異なる取引所へ
仮想通貨を移す」
「ウォレットに仮想通貨を
移す」ときなどに
発生する手数料
取引手数料
（スプレッド）
取引所や販売所で
仮想通貨を取引する
ときに発生する手数料

出所：著者作成

●スプレッドとは

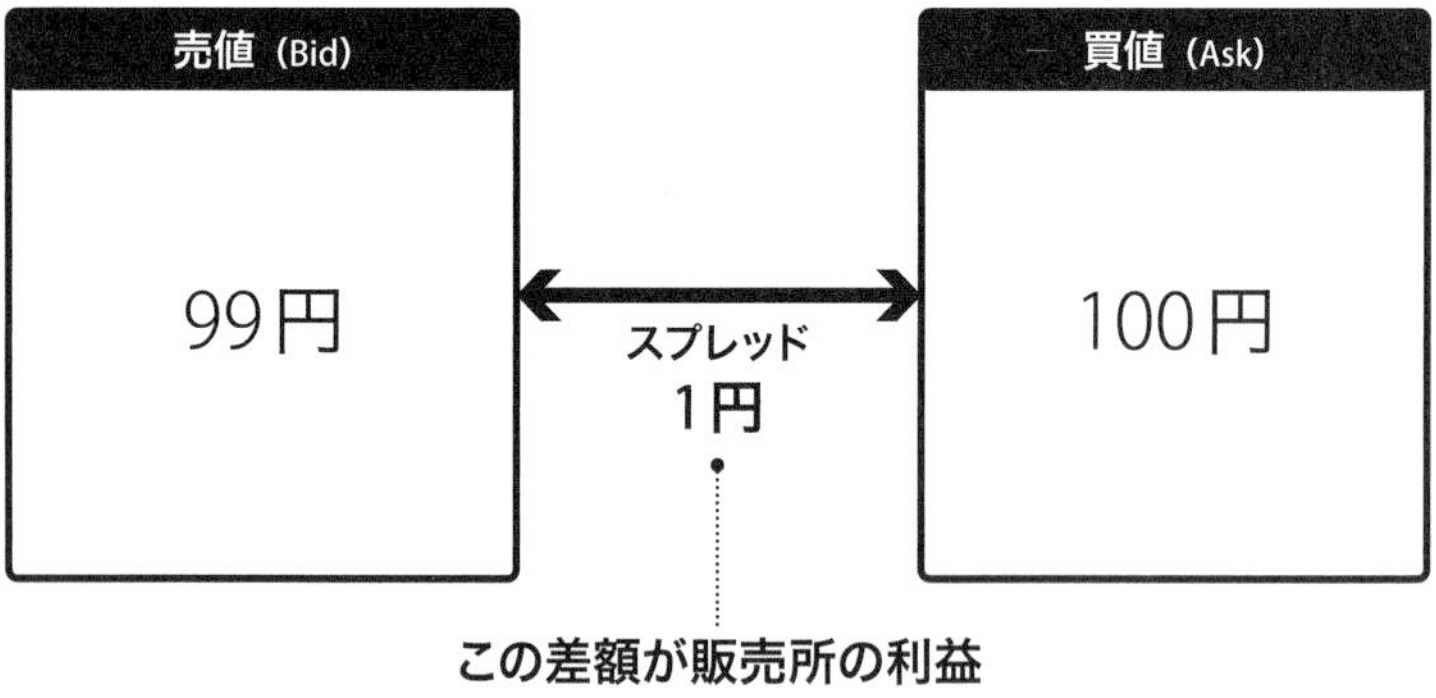
売値（Bid）
99円
スプレッド
1円
買値（Ask）
100円
この差額が販売所の利益

※通貨によりスプレッドの額は異なる

出所：著者作成

料」です。最近は無料とする取引所が増えてきましたが、入金時、出金時に数百円程度の手数料がかかります。

入出金手数料に関して、これから新規で口座を開設するならば、「住信ＳＢＩネット銀行」がオススメです。理由としては、主要な国内の仮想通貨取引所と提携しており、取引所の入金手数料が無料なのと、24時間３６５日対応しているからです。

住信ＳＢＩネット銀行は、三井住友信託銀行とＳＢＩホールディングスが共同で出資しているネット専業の銀行です。金利が大手都市銀行や地方銀行などより高く、住信ＳＢＩネット銀行同士なら24時間３６５日送金可能などのメリットもあります。

仮想通貨は24時間３６５日動いているので、住信ＳＢＩネット銀行同士の24時間３６５日送金可能は大きなメリットです。

②預入・払出手数料

預入・払出手数料とは、「異なる取引所へ仮想通貨を預入・払出する」あるいは「自分のウォレットに預入・払出する」ときなどに発生する手数料です。

預入・払出手数料の料率は、仮想通貨取引所だけでなく、各通貨によっても異なります。無料の取引所もありますし、有料の場合は、０・０００１ＢＴＣ〜０・００１ＢＴＣというように幅を持たせてあったり、０・００１ＥＴＨのように一律だったりします。

重要なのが、この「預入・払出手数料」はマイナーの報酬になる点です。ブロックチェーン上に取引記録を載せる際、マイナーによるマイニング（承認作業）が行なわれます。マイナーは報酬が大きい取引ほど早く作業してくれますので、一般的に手数料が高いほど送金時間が短くなります。一方、手数料が低い場合は、送金処理に時間がかかるケースもあります。利便性をトータルで考えると、手数料が安ければいいというわけでもないのです。

③取引手数料（スプレッド）

取引手数料とは、取引所や販売所で仮想通貨を取引するときに発生する手数料です。

仮想通貨の取引方法は基本的に2つあります。一つは取引所を介して買いたい投資家と売りたい投資家がお互いに注文を出し合い、買値と売値が折り合ったところで注文を成立させる方法です。

もう一つは販売所（運営者）と直接取引する方法です。仮想通貨交換業者のなかには、取引所と販売所を一緒に運営しているところもありますし、どちらかひとつのところもあります。販売というのは、仮想通貨交換業者が自ら在庫として保有している仮想通貨を、購入希望の投資家に販売するという形式になります。

最近では、取引所も販売所も売買手数料を無料にしているケースが増えていますが、販売所の「無料」には注意が必要です。というのも、表面的な取引手数料は無料を謳っていても、「スプレッド」をとっているケースがあるからです。

スプレッドとは「差」という意味です。販売所は買値と売値の2本値を同時に提示するのですが、この2つの価格に差額があるのです。この差額は投資家の負担になると同時に、販売所の利益になります。ＦＸのスプレッドと同じです。仮想通貨のスプレッドは、取引所や通貨の種類によって異なるので、事前に調べたうえで取引しましょう。

なお、取引所を介して他の投資家と取引する場合は、手数料が安く済むので、ユーザー数が多い取引所を選ぶことをおすすめします。

SECTION

4-3

取引所選びの7つのポイント

資金流出事件に巻き込まれないためにはどうすればいいのか？

取引所に起因するリスクは大きい

日本では過去に2回、大きな取引所の仮想通貨流出事件がありました。マウントゴックスとコインチェックの資金流出騒動です。コインチェック騒動は2018年1月に発生した事件なので、みなさんもご存じのことでしょう。取引所を利用する際の大きなリスクは、経営陣の横領や不正アクセス・ハッキングによる資金流出です。

自分の大事な資産が、見知らぬ誰かに盗まれないよう、安心・安全な取引所を選ぶようにしてください。取引所選びで重要な7つのポイントをまとめてみました。

①仮想通貨交換業者に登録している取引所から選ぶ

取引所選びの大前提は、「**仮想通貨交換業者**」に登録している取引所かどうかです。金融庁のホームページに「仮想通貨交換業者登録一覧」があるので、これに掲載されているかどうかを、まずは確認してください。URLは次のとおりです。

https://www.fsa.go.jp/menkyo/menkyoj/kasoutuka.pdf

利用者保護措置が講じてあるか、利用者が預託した金銭・仮想通貨を分別管理しているか、資本金が1000万円以上かつ純資産がマイナスでないこと、などが登録の要件になっています。

もちろん、この要件を満たしているからといって、「絶対に安心」というわけではありません。現に、登録業者であっても、金融庁から業務改善命令を受けるケースはあります。たとえば国内最大手の交換業者といわれたビットフライヤーも、顧客管理体制に問題があるという理由で、改正資金決済法に基づいた業務改善命令が下されました。

登録業者でさえこの状況ですから、ましてやこの一覧に載っていない運営会社や取引所は選ばないほうが無難です。先のコインチェックも事件当時は「みなし仮想通貨交換業者」で、正式には登録されていませんでした（その後2019年1月11日に正式登録）。

また、「草コイン」を取引したいという場合は、日本の登録業者ではなく、海外の取引所に口座を開く必要があります。海外の取引所は、それこそ本人確認書類なども求められず、なかにはメールアドレスのみで口座を開けるようなところもあると聞きますが、正直、どの程度信頼できるかはわかりません。それでも海外の取引所に口座を開いて取引したいという場合は、あくまでも自己責任でやってみるしかありません。

②運営会社の財務力の高さや経営陣の顔ぶれを見て選ぶ

金融庁登録の取引所であることに加えて、財務力が高い取引所であれば、さらにいいと思います。

コインチェック騒動では、仮想通貨であるNEMが580億円の流出額に対し、補償額はその後の相場下落で約460億円に圧縮されたものの、全額を返金しました。コインチェックの場合、たまたま補償できるだけの資金力があったから、このような対応もできたわけですが、もし財務力が低い取引所だったら、補償できないまま破綻していた恐れがあります。

　また、経営陣の顔ぶれをチェックしておくのもポイントです。たとえば、FX業者として知名度の高いGMOが「GMOコイン」として参入していますが、財務力だけでなく、FXで培ったノウハウが活かされていくと考えられます。

　なお、財務力の高さは「セキュリティ」の高さに通じる部分があります。不正アクセスへの対応策を含め、セキュリティ面への投資を積極的に行なう可能性があるからです。

③ユーザー数や取引量が多い取引所を選ぶ

　仮想通貨は、取引所ごとに取引が行なわれています。そのため、取引の参加者数や取引量が少ない取引所だと、買いたいとき、売りたいときに取引が成立しにくくなります。つまり、流動性リスクが大きくなります。国内の取引所で参加者数の多さでいえば、ビットフライヤーがトップです。同社のツイッター公式アカウントによれば、2018年4月30日時点で、口座開設者数が200万人を突破したと公表しています。

　またビットコイン／円の取引量では、2018年4月30日時点のビットコインの24時間出来高で、リキッドバイコインが2万9647BTC（約118億円）で国内トップ。口座数でトップのビットフライヤーは8693BTC（約35億円）で2番手になっています。

④セキュリティ3点セットが備わっているところを選ぶ

　取引所自体がハッキングされ、莫大な仮想通貨が盗まれるという事件は、日本だけでなく世界的に、しかも何度となく起こっています。取引所のセキュリティが万全かどうかは、筆者を含め、一般ユーザーには判断がむずかしいものです。ですから、少なくとも「コールドウォレット」「マルチシグネチャ」「二段階認証ログイン」という、セキュリティ3点セットを備えている取引所を選ぶのが無難です。

セキュリティ3点セットはどういうものなのかについては、次項から解説していきます。

⑤各種手数料やスプレッドが低い取引所を選ぶ

前述のとおり仮想通貨取引では、「入出金手数料」「預入・払出手数料」「取引手数料(スプレッド)」などのコストがかかります。手数料は確実な損失ですので、できる限り低く抑えたいところです。スプレッドは具体的に料率が提示されていないので、見えにくいコストではありますが、各取引所のスプレッドがどのくらいなのかを、同一通貨で比較しておきましょう。

⑥ツイッターやメディアなどで評判や口コミを調べる

①から⑤までのポイントで、ある程度、口座を開設する候補となる取引所を絞り込んだら、ツイッターやメディアなどで評判や口コミを調べてみましょう。サーバーがすぐ停止したり、トラブルがよく発生したりするなど、セキュリティや運用面に問題がある取引所は要注意です。その際、個人が運営しているサイトの情報は、アフィリエイト広告などで操作されていたり、不適切な情報が流されていたりする場合があるので、そのまま鵜呑みにせずに、いくつかのサイトを比較してみるなどしたほうがいいでしょう。

⑦ウェブ画面の見やすさやアプリの使いやす

さを確認する

仮想通貨取引所の口座開設自体は無料なので、気になった取引所の口座を複数開設して、最後は実際に自分の手で触って比較しましょう。

初心者のうちは、使い勝手の良さまで判断できないと思いますので、まずは情報が把握しやすいかどうかを優先してください。

またセキュリティの観点から、取引所は一つだけでなく、複数持っていたほうがいいので、複数の取引所に口座を開設するのがおすすめです。

KEY WORD

仮想通貨交換業者：金融庁が資金決済法上の「仮想通貨交換業者」の定義に該当すると確認した業者。2018年末現在、16業者。

みなし仮想通貨交換業者：金融庁が仮想通貨交換業者の登録を義務づけた2017年4月以前に運営していた仮想通貨交換業者。コインチェックは2018年1月の流出事件時、みなし仮想通貨交換業者だった。

●取引所選びの7つのポイント

①仮想通貨交換業者に登録している取引所から選ぶ

②運営会社の財務力の高さや経営陣の顔ぶれを見て選ぶ

③ユーザー数や取引量が多い取引所を選ぶ

④セキュリティ3点セット（次項参照）が備わっているところを選ぶ

⑤各種手数料やスプレッドが低い取引所を選ぶ

⑥ツイッターやメディアなどで評判や口コミを調べる

⑦ウェブ画面の見やすさやアプリの使いやすさを確認する

出所：著者作成

● 金融庁に登録済みの主な取引所

仮想通貨交換業者名	取引所名
株式会社マネーパートナーズ	マネーパートナーズ
QUOINE株式会社	Liquid by Quoine（リキッドバイコイン）
株式会社bitFlyer	bitFlyer
ビットバンク株式会社	bitbank
GMOコイン株式会社	GMOコイン
ビットトレード株式会社	BitTrade
BTCボックス株式会社	BTCBOX
株式会社ビットポイントジャパン	BITPoint
株式会社DMM Bitcoin	DMM Bitcoin
株式会社フィスコ仮想通貨取引所	フィスコ仮想通貨取引所
株式会社フィスコ仮想通貨取引所（テックビューロ株式会社）	ザイフ（Zaif）※

※フィスコ仮想通貨取引所に事業譲渡済み。テックビューロは仮想通貨交換業者の登録を廃止し、解散する予定

出所：著者作成

● 国内の大手取引所における1日のビットコイン取引高

取引所	ビットコイン取引高	取引高（日本円換算）
Liquid b y Quoine	29550.29	¥11,642,814,260
bitFlyer	8378.66	¥3,301,192,040
BTCBOX	3822.54	¥1,506,080,760
coincheck	3813.4	¥1,502,479,600
bitbank	2190.52	¥863,064,880
Zaif	773	¥304,562,000
BITPoint	766.22	¥301,890,680
フィスコ仮想通貨取引所	10.67	¥4,203,980

2019年1月11日時点。1BTC＝394000円として計算

出所：Bitcoin日本語情報サイトより著者作成

SECTION 4-4

セキュリティ3点セット

仮想通貨を入れる「財布」の安全性を保つために必要なことは？

●コールドウォレット

ウォレットとは、文字どおり「財布」のことです。仮想通貨におけるウォレットは、仮想通貨のデータを保存しておくためのもので、**「コールドウォレット」**と**「ホットウォレット」**の2種類があります。

コールドウォレットは、インターネットから完全に切り離されたウォレットのことです。コールドウォレットを利用すれば、不正アクセスやハッキングによる仮想通貨の盗難を防ぐことができます。

これに対して、インターネットにつながっているウォレットを「ホットウォレット」といいます。多くの取引所では利便性のために、一部をホットウォレットに置き、残りの大部分をコールドウォレットに保管しています。たとえるなら、コールドウォレットは「金庫」、ホットウォレットは「財布」をイメージするとわかりやすいでしょう。

ホットウォレットとコールドウォレットは、どちらがいいのかという問題がよく話されますが、どちらも一長一短ですので、「使い分ける」ことが重要です。

取引をひんぱんに行なう人にとっては、コールドウォレットよりもホットウォレットのほうがスピーディに取引を行なえるのでいいし、反対に取引をひんぱんには行なわない人にとってはコールドウォレットで資産を保管

●各ウォレットの特徴

コールドウォレットは
「**金庫**」のようなもの

○ 不正アクセスやハッキングの被害にあいにくい
× 仮想通貨を出したり入れたりするのが大変

ホットウォレットは
「**財布**」のようなもの

○ 仮想通貨を出したり入れたりするのが簡単
× 不正アクセスやハッキングの被害にあいにくい

取引所では仮想通貨の大部分をコールドウォレットで管理している

●秘密鍵と公開鍵のセキュリティ

マルチシグネチャ

秘密鍵　公開鍵

秘密鍵と公開鍵を複数用意。複数の鍵が一致しないとお金をやり取りできないため、セキュリティが高い

シングルシグネチャ

秘密鍵　公開鍵

秘密鍵と公開鍵が1つしかない。1つの鍵でお金をやり取りできてしまうため、セキュリティが低い

出所：著者作成

していたほうが安全です。

マルチシグネチャ

マルチシグネチャは、仮想通貨の送金に必要な「公開鍵」と「秘密鍵」を分散管理することでセキュリティを高める技術です。マルチシグネチャは、たんに「マルチシグ」と略されることもあります。

最重要データである秘密鍵がひとつ漏洩しても、別の鍵がなければ仮想通貨を送付できません。攻撃者が2つ以上の別々に設計されたプラットフォームに同時に侵入することは非常に困難なため、取引所がマルチシグネチャに対応していれば、より安全性が高まるといえます。

身近なものにたとえるならば、「**公開鍵**」は「身分証明書」で、「**秘密鍵**」は「暗証番号」をイメージしてください。

なお、仮想通貨を受け取る「仮想通貨入金用アドレス」は「通帳」、「ウォレット」は「口座」と覚えておきましょう。

二段階認証ログイン

二段階認証ログインとは、ログイン時にIDである「メールアドレス」と「パスワード」だけでなく、認証コードによる確認も行なうログイン方式です。認証コードの発行には、自分のスマホや携帯電話で、専用アプリを使うため、万が一パスワードが他人に漏れても不正アクセスを防ぐことができます。

加えてログイン時に、登録メールアドレス宛にメール通知が届く設定ができる取引所であれば、第三者のログインを察知できるので、より安心です。

KEY WORD

Authenticatorアプリ（**オーセンティケータアプリ**）：二段階認証を行なうためのアプリケーション。通常のID・パスワードに加え、このアプリの認証コードを入力しないとログインできなくすることで、セキュリティを高められる。

SECTION 4-5

取引通貨の選び方

基本的には時価総額が大きいものを選ぶことが大切

1900種類以上もある

前述したように、仮想通貨は現在1900種類以上あり、しかもどんどん増えています。そのなかでどれが生き残るかわかりませんが、選ぶなら時価総額が大きい通貨を選ぶのがベターです。その理由は、時価総額が大きい通貨ほど利害関係者が多く、期待されていますし、通貨保有者も多く流動性が大きいため、好きなときに売買しやすいからです。

2018年12月31日時点で、時価総額ベスト10に入る仮想通貨は1章のセクション1-1で触れたとおりです。まずは、このなかから選ぶのが無難だと思います。ただし、上位にあるからとはいえ、匿名性の高い仮想通貨は選ばないほうがいいでしょう。たとえば、モネロ（Monero）やダッシュ（DASH）などが該当します。

「匿名性の高い通貨」とは、個人の仮想通貨入金用アドレスや取引記録が公開されず、誰が誰に送金したかわからないという特徴があるので、マネーロンダリング（資金洗浄）に活用されやすい性質を持っています。

マネーロンダリングは犯罪の温床になっているため、世界的に規制が強化されています。今後、さらに規制は強化されていくため、それに伴い、匿名通貨はいずれ消えていく可能性が高いといえます。

複数の仮想通貨を保有するなら、5通貨ま

でで十分です。それを超える通貨を保有すると、管理がむずかしくなるだけでなく、情報収集も大変になるからです。

たしかに、株式や投資信託を保有する場合は、「資産全体の値下がりリスクを低減するため、値動きの仕方が異なる資産に分散投資すべき」といわれます。しかし仮想通貨は、どの通貨もほぼ同じ値動きをする傾向があるため、数多くの通貨に分散したとしても、それによる値下がりリスクの低減効果は、あまり望めません。

特徴ぐらいはよく調べてから購入すべき

また、自分が購入する仮想通貨の特徴は、必ず理解したうえで購入するようにしましょう。もちろん、その仮想通貨を支えている技術的側面まで把握できればベストですが、それを把握するのは大変なので、最低限でも、どのような特徴があり、出資企業はどこなのか、ブロックチェーン技術の種類は何かなどは把握しておくべきです。

注目はイーサリアムとリップル

筆者が注目しているアルトコインは、**イーサリアム**（ＥＴＨ）と**リップル**（ＸＲＰ）です。

イーサリアムは、時価総額ランキング2位の通貨であり、「ポストビットコイン」といわれています。上限発行量は決まっておらず、送金の際、手数料分が燃焼され減少するという特徴があります。ＪＰモルガン・チェース、トヨタ、三菱ＵＦＪフィナンシャルグループが出資していたり、ＷＦＰ（国際連合世界食糧計画）がイーサリアムを使って難民支援をしていたりするなど、将来性に期待できる仮想通貨です。

使われているブロックチェーン技術は「スマートコントラクト」といって、取引で行なわれる契約を自動的に実行・保存していく機能があります。

たとえば、誰にいつ送金するといった契約内容が自動的に実行され、その実行内容はネットワーク上に保存されるのです。

ビットコインも、ブロックチェーン上ですべての取引記録を管理していますが、イーサリアムは取引を行なうと同時に、契約内容まで管理できるのです。中央機関を介さずに契約内容を自動執行できる点が、イーサリアムの大きな特徴です。

米国で仮想通貨の格付も行なっていることで知られる調査会社Weiss Ratingsは2018年9月、「イーサリアムは今後5年でビットコインを抜く」と予測しているといいます。もちろん「だから安心」ではありませんが、注目されている証拠といえそうです。

リップルは、時価総額ランキング3位の通貨ですが、上限発行量は1000億枚で、特徴としては国際送金に特化していることです。国際送金を「簡単に」「安く」「早く」行なうことを目的とした仮想通貨であり、約100社の金融機関と既に提携しています。

SBIホールディングスとリップル社が共同で「SBI Ripple Asia」を設立し、ブロックチェーン技術を使った決済プラットフォームの実用化に向けて動いています。また、三菱UFJ銀行は2018年から提携し、国際送金サービスを始めることを発表しています。

前述のWeiss Ratingsは2018年11月、リップルの格付を「B」に引き上げました。これはすべての仮想通貨のなかで単独1位となる好評価です。

KEY WORD

ビットコイン2・0：ビットコインの技術（主にブロックチェーン）を応用し、通貨以上の機能をもつ仮想通貨。イーサリアムやリップルもこれにあたる。

ポートフォリオ：複数の銘柄の組み合わせ。分散投資法。資金を分散して投資することにより、リスクの低減を図る。〝タマゴはひとつのカゴに盛るな〟ということ。

SECTION
4-6 少額積立投資を始めてみよう
タイミングを気にせずに投資できる手法

無理せず少額で行なうことが大切

初めて仮想通貨を購入する場合、おそらく多くの人が悩むのが、「どのタイミングで買えばいいの?」ということでしょう。

仮想通貨の値動き幅は、株式やFXに比べてはるかに激しいものになります。できるだけ安いところで買いたいと考えている方が多いと思いますが、あまりにも値動きが激しいため、いまの価格が本当に安値なのかどうかを見極めるのが実に困難です。

このように値動きの激しい商品に投資する際、高値をつかまないようにするためには、時間を分散するという手があります。つまり、毎月一定金額の仮想通貨を、コツコツと積み立てるやり方です。

積立投資をうまく行なうためには、毎月の投資金額は、日常生活に大きく影響しないような額にします。少しでも早く増やしたいなどと考えて、積立金額を必要以上に大きくしてしまうと、日常生活が圧迫され、途中で挫折することにもなりかねません。

仮想通貨に限らず、積立投資は長期で続けることが効果を高めるので、とにかく自分の収入の範囲内で、無理せず続けられる額で行なうことをおすすめします。

初心者ならば、毎月3000円、あるいは5000円程度でもいいと思います。そして、自分の収入が増えてきたら、それに応じて、

積立投資のイメージ

ドルコスト平均法なら安く買える

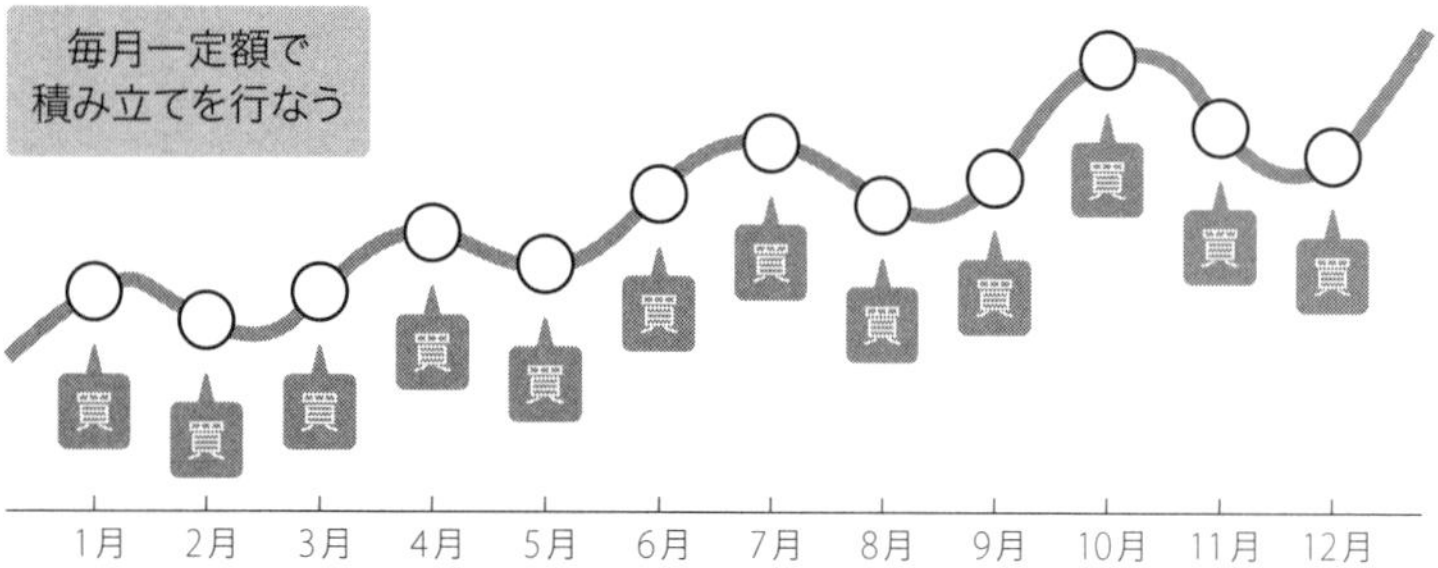

毎月一定額・一定量買い付けるとどうなる？

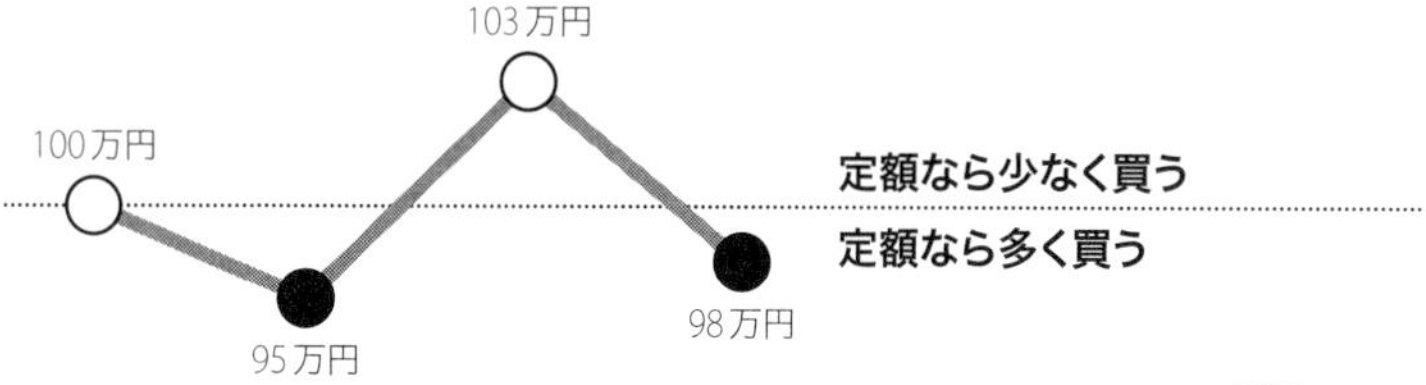

・毎月3000円ずつビットコインを購入した場合（定額購入）

1回目	2回目	3回目	4回目	合計
0.003BTC 3000円	0.003158BTC 3000円	0.002913BTC 3000円	0.003061BTC 3000円	0.012132BTC 1万2000円

1BTCあたり平均取得価格 約98万9000円

・毎月0.003BTCずつビットコインを購入した場合（定量購入）

0.003BTC 3000円	0.003BTC 2850円	0.003BTC 3090円	0.003BTC 2940円	0.012BTC 1万1880円

1BTCあたり平均取得価格 約99万円

出所：著者作成

少しずつ毎月の積立金額を増額していけばいいでしょう。

3つのメリットがある

少額積立投資のメリットは3つあります。

1つめは、少ない資金なので、無理せず始められるということです。

仮想通貨は値動きが大きい商品なので、少ない資金でも大きく稼げる可能性があります。

2つめは、時間分散によってリスクを押さえられることです。

毎月一定額積み立てるということは、価格が高いときは少ない量しか購入できませんし、価格が低いときは多くの量を購入できることになります。こうした購入方法は「**ドルコスト平均法**」といいますが、これによって、平均購入価格が自然と下がる効果が働くことになります。

平均購入価格が下がるほど、価格が大きく上がらなくても、より多くの利益を生み出せる可能性が高まってきます。

もちろん、価格がひたすら上昇トレンドになった場合、時間をかけて積立投資するよりも、価格が安いところでまとめて投資したほうが有利になるというように、ドルコスト平均法を否定する意見もあります。

それはもちろんそうなのですが、価格がひたすら上昇トレンドになるかどうかは結果論に過ぎず、事前にわかるわけではありません。ですから、価格が安いところでまとめて投資する、ということ自体がむずかしく、ドルコスト平均法を否定する意見は机上の空論だといえます。

また、「フェアバリューをきちんと計算できれば、時間分散などせずとも、まとめて投資できる」という意見もあります。しかし、仮想通貨の場合、フェアバリューの算出自体が不可能なので、この点でも積立投資を活用するほうが有利なのです。

そして3つめは、どんな局面にあっても感情に左右されず、淡々と買い付けられる効果がある、ということです。投資タイミングをはかる必要がなく、毎月買い付けるための手間がかからないので、投資初心者にとって、心理的にも楽です。

●自動引き落としサービスが便利

積立投資の具体的なやり方としては、自分の銀行口座から、積立額を自動引き落とししてくれて、自動的に買い付けてくれるのが理想です。

銀行口座からの**自動引き落としサービス**がなくても、毎月、たとえば20日に自分で注文を出して買い付けるという手もありますが、これだとうっかり注文を出し忘れたり、今月は少しお金が厳しいから翌月にまとめて注文しようなどと考えたり、あるいは値動きが激しすぎてビビってしまい、注文が出せないといったことになりかねません。これでは積立投資の効果がなくなりますから、自動的に積立投資を行なってくれるサービスがある取引所を選んだほうがいいでしょう。

国内で自動積立ができる取引所としてザイフ（Zaif）を例に挙げてみます。

ザイフでは、積み立てたい金額と自動振替する銀行口座を指定すれば、毎月27日に銀行口座から自動で引き落とされ、翌月10日〜翌々月9日まで、1日ごとに指定した買付日に仮想通貨を積立購入できます。ただし、流出事件以降サービスが停止しています。安全性を高めたうえで、自動積立が再開できるか、注目したいところです。

KEY WORD

トレンド：仮想通貨の価格の全体的な動き。小刻みに上下しながら、上昇している場合は上昇トレンド、下降している場合は下降トレンドという。

SECTION
4-7 投資割合は総資産の1割程度に抑える

コアサテライト戦略で資産全体をコントロールすることが大切

大きく儲けられるタイミングは過ぎた

2017年は「仮想通貨元年」と呼ばれ、多くの仮想通貨がバブル化したものの、2018年の初頭に弾けました。億り人が多数出てくるような、大きく儲けられるタイミングはすでに過ぎたと考えられます。

仮想通貨は社会インフラとしての役割よりも「投機性」のほうが強く、不安定な要素も多いのが実情です。前項で説明したとおり、少額でコツコツ投資していくのが大切です。目安としては、自分が保有している総資産の1割以下を配分する程度で十分でしょう。

コアサテライト戦略とは？

筆者は「**コアサテライト戦略**」のサテライト部分で仮想通貨を保有しています。この戦略は、機関投資家なども実践していて、資産形成のコアとなる部分は安定成長・長期運用で行ない、サテライト部分で積極的に利益を狙った運用を行なうというものです。

筆者は以前、アフラック（アメリカンファミリー生命保険会社）の資産運用部門で働いていたのですが、アフラックでも、総資産の7〜9割は日本国債を中心とした円建て債券で安定運用・長期運用を行ない、残りの1〜3割で株式、外国債券（主に米国債）、ハイイールド債券といったリスクの高い資産で利益を狙った運用を行なっていました。

コアサテライト戦略は、個人の資産運用でも有効です。

個人の場合、コア資産としては現預金、定期預金、個人向け国債のほか、多少リスクを許容できるのであればグローバルバランス型の投資信託あたりまでで含められるでしょう。対してサテライト資産としては、株式の個別銘柄、株式投資信託、ＦＸ、仮想通貨、コモディティ、海外株式などがあります。

コアサテライト戦略のルールは、仮にサテライト資産の一つが大きく損をしても、コア資産を削って継ぎ足さないことです。損をしたからといって、安易に継ぎ足していると、さらに損失が広がる可能性がありますし、コア資産がなくなっては、安定的な資産形成が困難だからです。コアの部分で資産を着実に築いているからこそ、積極的に攻めることができますので、総資産の１割と決めたら、そのルールを破らないことが大切です。

コアサテライト戦略

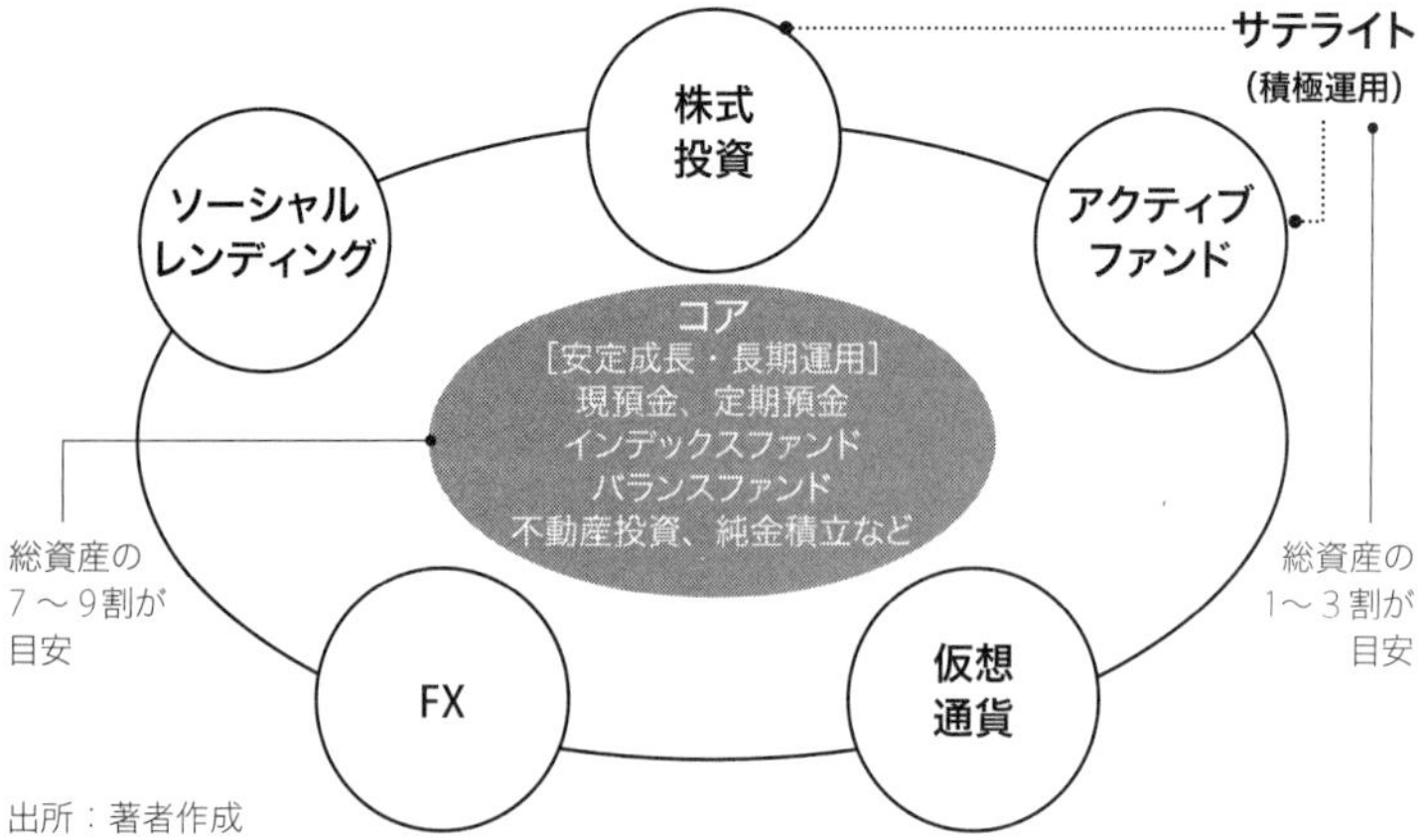

出所：著者作成

SECTION

4-8 仮想通貨の送金・受け取りと保管場所

送金先のアドレスが間違っていても、返金されないことに注意

仮想通貨入金用アドレスの設定が必要

仮想通貨の送金・受取には「**公開鍵**」と「**仮想通貨入金用アドレス**」が必要です。仮想通貨入金用アドレスはウォレットの口座番号のようなもので、他人から送金してもらう場合に利用します。

送金する際は、まず送金先の仮想通貨入金用アドレスの設定が必要です。たとえば、別の取引所に送金する場合、取引所の仮想通貨入金用アドレスを設定します。

次に送金元のウォレットから送金画面を表示し、送金先の仮想通貨入金用アドレスを入力します。そして、送金した額を設定して送金を実行します。送金にはマイナーによる承認作業が必要で、時間がかかるときは数日に及ぶこともあります。

ただ、たとえばビットコインであれば、基本となる送金手数料に上乗せして料金を支払い、承認作業を急いでもらえば送金を早めることも可能です。

初めて送金する際は、できるだけ少額で試しましょう。

送金先のアドレスが間違っていたら、返金されません。ウォレットを作成する際は個人情報の登録義務がなく、誤ったアドレスへ送金してしまうと、送った先のアドレスはわかっても、誰に送ったのかがわからないので、返金請求ができないのです。

仮想通貨はどこに保管されているのか

　仮想通貨は、取引所に口座を開設すれば、誰でも購入できます。そして、購入した仮想通貨は、**ホットウォレット**か**コールドウォレット**に保管されますが、これをさらに細かく分けてみていきましょう。

　まず、取引所などを通じて仮想通貨を購入した後、とくに何もしなければ、その仮想通貨は取引所のウォレットにそのまま保管されます。この、取引所のウォレットを「**ウェブウォレット**」といいます。といっても、厳密にいうとウォレット内に仮想通貨が保管されているのではなく、仮想通貨取引に利用する「秘密鍵」が保管されています。

　セキュリティ面で安心できると思われる取引所を選んだとしても、資産が大きく増えたときに、ウェブウォレットに預けっ放しにしておくのは危険です。万全なセキュリティが施されているとはいえ、人間がつくったもの

ウォレットに関連する4つのキーワード

出所：著者作成

ですから、どこかにバグがあると考えて、自分なりの安全対策を講じたほうがいいでしょう。もしウェブウォレットに保管されている秘密鍵をハッキングによって盗まれたら、せっかく増やした仮想通貨を引き出されてしまう恐れがあります。

よって、できるだけ速やかに自分専用のウォレットをつくり、そこに送金して保管しておくのがいいでしょう。

仮想通貨の保管方法には、「ウェブウォレット」のほかに4種類あります。「**モバイルウォレット**」「**デスクトップウォレット**」「**ハードウェアウォレット**」「**ペーパーウォレット**」です。

ウォレットには常時インターネットに接続している「ホットウォレット」とインターネットから切り離している「コールドウォレット」があると、取引所選びのポイントの項で説明しましたが、「ウェブウォレット」と「モバイルウォレット」「デスクトップウォレット」とはホットウォレット、「ハードウェアウォレット」、「ペーパーウォレット」はコールドウォレットになります。

●ホットウォレット

・ウェブウォレット

秘密鍵を保管してくれるウェブサービスを利用する方法。管理が簡単でいつでも取引が可能ですが、安全性は取引所内のウォレットと同じで、5つのウォレットのなかでいちばんハッキングされる危険度が高いと考えてください。

・モバイルウォレット

スマートフォンや携帯電話に専用アプリをダウンロードして、秘密鍵を保管する方法。持ち運びができ、取引もすぐにできるので便利ですが、セキュリティのリスクや、故障・紛失のリスクがあります。

・コールドウォレット

・デスクトップウォレット

パソコンに専用アプリをダウンロードして、秘密鍵を保管する方法。オフライン状態なら安全に管理でき、入出金も簡単にできます。ただし、パソコンがウイルス感染したり故障したりすると、保管している仮想通貨を取り出せなくなるリスクがあります。対策としては、あらかじめバックアップをとることで、パソコン自体が故障しても、仮想通貨をとり出せます。

・ハードウェアウォレット

専用端末で秘密鍵を保管する方法。完全オフライン環境を実現できるので、ハッキングなどの攻撃を受けても、ほぼ完全に仮想通貨を守ることができます。ただし、導入が手間であることと、故障・紛失のリスクがあります。1万～2万円程度で購入できます。リカバリーフレーズに対応したものを購入すれば、故障・紛失時にも復旧可能です。リカバリーフレーズとは、簡単にいえば、パスワードを忘れたときの「秘密の質問」のようなイメージです。

・ペーパーウォレット

秘密鍵を紙に印刷して保管する方法。ハッキングのリスクはなくなるので、保管環境さえ整えて入れてば5つのウォレットのなかでいちばん安全かつ簡単です。ただし、紙の劣化や紛失のリスクがあります。

資産を確実に守るなら、コールドウォレットで保管するのがいいでしょう。そのなかでもそれぞれメリット、デメリットがあるので、自分にあったウォレットを選んでください。

KEY WORD

誤送金：仮想通貨のアドレスを間違えて送金してしまうこと。間違えても基本的に補償はされないが、取引所に問い合わせて返金された事例もあるので、一度は聞いてみるといいだろう。

SECTION
4-9 仮想通貨の値動きの特徴を押えておく
需給に大きく左右されることに注意

分裂した通貨の値動きは似る

仮想通貨の値動きが需給に左右されるのは、これまでも何度となく書いてきましたが、その値動きにはいくつかの特徴があります。

まず、「分裂した通貨の値動きは似る」ということ。

ビットコインとビットコイン・キャッシュ、イーサリアムとイーサリアムクラシックといったように、**ハードフォーク**によって生まれた新しい仮想通貨は、分裂前の仮想通貨と似通った値動きをするのです。

2章で触れたとおり、ハードフォークは、仮想通貨のバージョンアップ版と考えてください。仮想通貨は仕様を変えたり、性能を向上させたりするためにバージョンアップを行なうことがあります。ハードフォークを行なうと、バージョンアップ前の仮想通貨と、バージョンアップ後に誕生した新しい仮想通貨の2つが共存する形になります。2つの通貨のあいだに互換性はないのですが、バージョンアップ前と後の通貨の値動きを見比べると、性能が似通っているせいか、同じような値動きをする傾向が見られます。

半減期前に価格が高騰する

次に「半減期前に価格が高騰する」傾向が見られること。

仮想通貨はマイニングによって日々、採掘

● 2016年ビットコインの半減期の動き

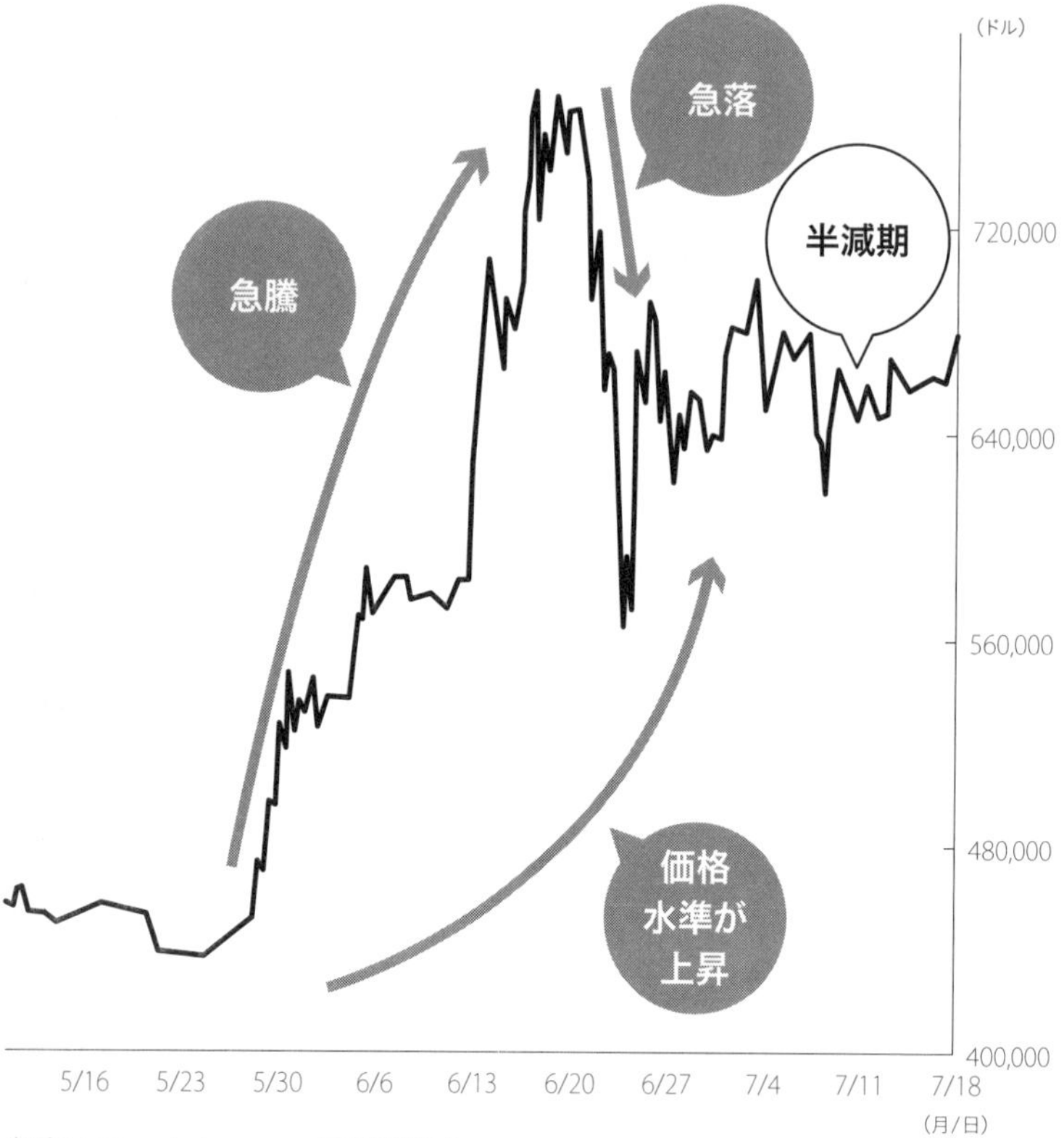

出所：coinmarketcap.comより著者作成

KEY WORD

キャピタルゲイン：金融商品の値上がりによって得られた利益。値上がり益。
乱高下（**らんこうげ**）：価格が上下に激しく動くこと。仮想通貨は他の金融商品に比べて乱高下しやすい特徴がある。

されているのですが、一定期間ごとに1回のマイニングで採掘できる仮想通貨の量が半分になります。これを**半減期**といい、仮想通貨によって期間が異なります。ちなみにビットコインの場合は約4年に1度の頻度で、半減期が訪れます。

仮想通貨は、前にも述べた通り、約4年ごとに年間発行量の上限が減る「半減期」と呼ばれるシステムを採用しています。つまり、市場の需要が高まっても供給は一定ということになるため、需要の変化が価格に与える影響は大きくなると予測できます。

この半減期があることにより、ビットコインの価格にどのような影響を及ぼすのでしょうか？

1章でも述べたとおり、ビットコインは、マイニングにより採掘されています。半減期には、このマイニングによって受け取れる報酬量（新規ビットコイン）が半分になってしまいます。2009年にビットコインがスタートしたとき、マイニングによって受け取れるビットコインは、「50BTC」でした。しかし、2012年には1度目の半減期があり、マイニング報酬は、「25BTC」になりました。続いての半減期は2016年に起こり、マイニングの報酬は、「12・5BTC」となっています。

過去における半減期が訪れたタイミングでの値動きはどうなっているのかを見てみると、仮想通貨の価格は、半減期という一大イベントを前におおよそ2か月前くらいから上昇し、半減期直前の1か月前くらいになると利益確定する人が増え、多少下落する傾向が見られます。その後、半減期を迎えても目立った値動きはありませんが、2か月前に比べて、半減期後のほうが価格は高くなるケースが多いようです。

マイニング報酬が半分になるということは、

新規発行されるビットコインが減るということですから、需要と供給の関係でビットコインの価格は上がりやすくなっているというわけです。

事件や不祥事が起こると値が下がる

逆に、価格が大きく下落するケースですが、やはりいちばんの要因はセキュリティ問題が浮上したときです。コインチェック事件のときもそうでしたが、取引所でコインの盗難、ハッキングなどセキュリティ問題が発生すると、どの仮想通貨も全面的に値下がりする傾向が見られます。

ただし、セキュリティ問題はあくまでも取引所の問題であって、仮想通貨そのものの問題ではありません。したがって、事件に直接関係していない仮想通貨の価格は、事件の影響で一度下げた後、徐々に回復する傾向が見られますし、事件に関係した仮想通貨でも、取引所の対応次第では価格が回復するケースがあります。

最後に、これは将来に期待したいことなのですが、仮想通貨の税制が優遇されれば、価格は上がるでしょう。

現在の仮想通貨の税制は、雑所得で総合課税ですから、最高税率が55%と、他の投資商品に比べて格段に悪いといえます。もし、これが非課税になったり、より有利な税率が適用されたりするようになれば、価格が上昇する可能性が高まります。

KEY WORD

申告分離課税：他の所得と分離して税額を計算し、確定申告をして納税する課税の方式。株式や投資信託、FXなどの利益が当てはまる。税率は一律で20%（2037年までは20.315%）。

総合課税：他の所得と合計した所得（課税所得）の額に応じた税率をかけて所得税額を算出する課税の方式。税率は最大で55%となる。

SECTION

4-10 最終的にいつ売るのかを考えておく

買った仮想通貨は、売ることではじめて利益（または損失）が確定する

●売るときも何回かにわけると効果的

買った仮想通貨の価格は、値上がりしたり値下がりしたりしますので、時価も刻々と変動していきます。時価で見て利益が出ている状態を「**評価益**（含み益）がある」、逆に損失が出ている状態を「**評価損**（含み損）がある」などということがあります。

仮想通貨投資によって、評価益が少しずつ乗ってくるのはうれしいものです。しかし、評価益がいくら増えたとしても、これを眺めているだけではお金は増えたことになりません。買った仮想通貨は、売ることではじめて利益（または損失）が確定するのです。

もちろん、すでにビットコインのように実店舗で使える仮想通貨も出てきています。将来、仮想通貨で決済するのが当たり前になるならば、増えた仮想通貨をそのまま使う、という戦略もありかもしれません。しかし、現状はまだ値動きが激しいため、どこかで利益を確定して、円に戻したほうが資産は安定します。

とはいえ、売るタイミングは買うタイミングよりもむずかしいものがあります。買ったときよりもできるだけ値上がりしているときに売ればいい、と書くのは簡単なのですが、それがどのタイミングなのかはプロでもわかりません。

したがって、買うときと同様、売るときも

●売却は複数回に分ければ価格は安定する

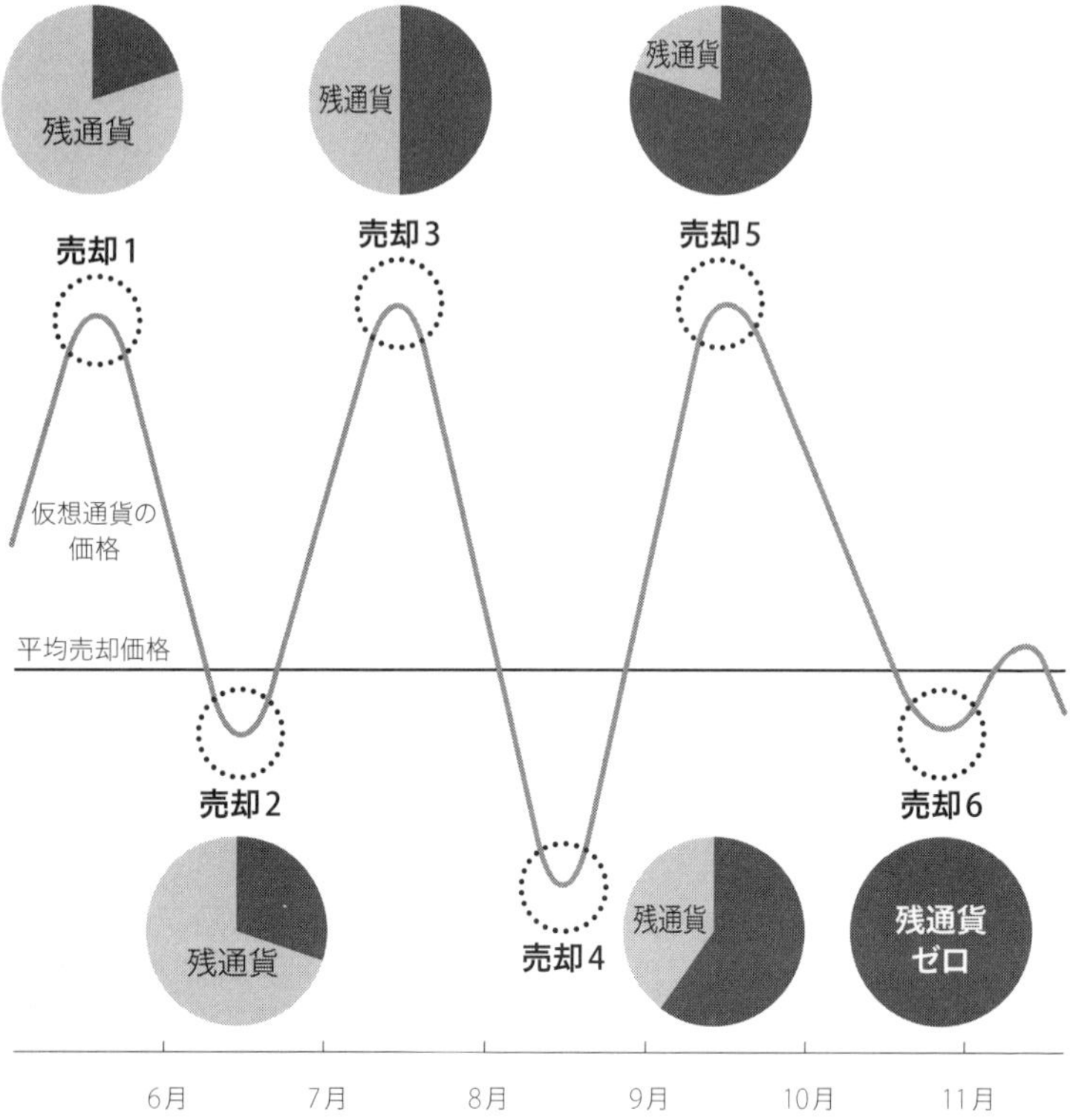

出所：著者作成

KEY WORD

インフレ通貨：発行上限が設定されていない仮想通貨のこと。実際には、インフレが起こらないように対策が施されている。
デフレ通貨：ビットコインのように、発行上限が設定されている仮想通貨のこと。

複数回にわけて売るといいでしょう。そうすることで売却価格も平均化することができるからです。

ただし、仮想通貨の場合、売却のたびに手数料がかかる場合があります。なので、買うときの「3000円ずつ」「5000円ずつ」のように細かく分散する必要はないでしょう。あくまで数回程度に分けて売るのがポイントです。

売りはじめるタイミングも考え方次第です。絶対にここがいい、という公式のようなものはないのですが、たとえば以下の4つのようなタイミングを生かすといいのではないかと思います。

①目標金額を達成したとき

たとえば「仮想通貨で100万円の利益が出たら売る」「利益が投資した金額の2倍になったら売る」などというように、目標を達成したら売りはじめる、という方法です。とてもわかりやすく、投資のモチベーションも維持・向上しやすいのが利点です。

②ライフイベントが発生したとき

結婚、出産、家や車の購入、教育などといったライフイベントには、わりとまとまったお金がかかります。こうしたライフイベントが発生したときに、必要な分だけ売って、それらの費用に充当する、という方法です。

売って利益が出ていると、つい無駄遣いしてしまいそうになりますが、この方法ならば、売るときには使途が決まっていますから、それを防ぐことができるでしょう。

③年間の利益が20万円以下になるように売る

仮想通貨で得られた利益は雑所得として扱われます。所得税や住民税といった税金がかかります。しかし、年間の利益が20万円以下で、その他の雑所得を合わせても20万円以下で収まる場合には、所得税の確定申告をする必要はなく、所得税はかかりません。

つまり、毎年利益を年20万円以下に抑えておけば、所得税を節約できる、というわけです。なお、住民税は1円以上でも利益があればかかりますので、役所の市民税課などで申告しましょう。

④あらかじめ何らかのルールを決めておく

このほか、買うときにあらかじめ売るタイミングのルール（たとえば短期投資の場合、価格が20%上昇したら売る、10%下落したら売るなど）を考えておいて、そのタイミングがやってきたら有無をいわさず、機械的に売るという方法もあります。

こういう場合、ルールはできるだけ明確にし、かつ、必ず守ることが大切です。

この部分をこの2点をきちんと守ることができないと、思い切って売れなくなってしまいます。そうすることがいい結果となるか悪い結果となるかはわかりませんが、投資というより運頼みになってしまうのはいいことではありません。

なお、仮想通貨を売ると、取引所の口座内に売った仮想通貨の代金が円で入金されます。お金を引き出したいときは、この円を登録した口座に出金すれば、その口座の残高に反映されます。なお、手続きのタイミングによっては、出金が翌営業日になることもあるので、万が一急用で引き出すようなことがある場合には気をつけましょう。

KEY WORD

スケーラビリティ問題：ブロックサイズが制限されることによって、取引手数料の上昇や処理速度の遅延を発生させた問題。

生体認証：指紋認証や顔認証、虹彩認証など、体の一部を使った認証システムの総称。

SECTION 4-11

口座開設から購入手続きまで①

手続きの前に必要なものを揃えておこう

口座開設に必要なものは？

では、いよいよ口座を開設して取引を行なってみましょう。「ザイフ（Zaif）コイン積立」を例に、ユーザー登録から、購入手続きまでの手順を紹介します。

ザイフコイン積立では、毎日一定額の仮想通貨を自動で積立購入できます。現状、こうした積立サービスが他に存在しないため、有益だと考えています。

しかし、先のハッキング事件により、本書執筆時点で新規の口座開設を受け付けていません。ですので、再開するまで待つか、他の仮想通貨取引所を使ってみるかするといいでしょう。口座開設自体は無料で、複数の取引所に開設することができます。

ザイフコイン積立をはじめるには、ユーザー登録（アカウント登録）・本人確認の作業が必要です。手順は以下のとおりです。

①会員登録をして、本人確認書類を送る
②二段階認証を行なう
③電話番号を認証する
④郵送での本人確認を完了させる

また、実際に積み立てを始めるには、

⑤購入代金を引き落とす銀行口座を登録する
⑥購入の手続きをする

といった設定も必要になります。

ザイフ以外の取引所でも、取引開始までの手順はほぼ同じと考えていいでしょう。

次に、口座を開設するにあたっては、事前に次のものを用意しておく必要があります。

①**パソコン**：インターネットにつながり、ウェブサイトが見られるもの。よほど古いものでなければ大丈夫でしょう。

②**メールアドレス**：パソコンのメールソフトでメールが確認できるもの。プロバイダから発行されたアドレスでも良いし、Google の Gmail など、フリーのメールアドレスでも大丈夫です。

③**本人確認書類**：運転免許証・パスポート・住民票など。取引所によって、利用できる書類が多少異なります。ウェブサイトから直接アップロードして送るので、スマホなどで写真に撮ったりスキャナーで取り込んだりして、JPEG形式かPNG形式の画像ファイルにしておきましょう。

④**スマートフォン**：主に二段階認証と電話番号認証で使用します。二段階認証は、iPhone, Android とも、基本的にはアプリを利用して行ないます。

⑤**銀行口座**：仮想通貨の購入代金の引き落とし口座。給与の振込口座など、お金が定期的に入る口座を指定すると、入金の手間が省けます。住信SBIネット銀行のような、手数料の有利な口座がおすすめです。

すべての手続きが完了するには数日〜2週間程度かかります。

SECTION 4-12

口座開設から購入手続きまで②

会員登録をして本人確認書類を送ろう

●本人確認書類は必須

まず、取引所にユーザー登録して、基本情報の登録を行ないます。ウェブサイトからメールアドレスを登録すると、登録の確認メールが届きます。そのなかに記載されているURLをクリックし、指示にしたがってパスワードを設定したり、基本情報を入力したりします。

これらの手順が完了したら、**本人確認書類**をアップロードします。ザイフ（Zaif）の場合、本人確認書類として、①在留カード、②運転免許証、③マイナンバーカード（マイナンバー通知カードは不可）、④パスポートのどれか1点の提出が必要です。

また、これらがない場合は、⑤官公庁が発行する公的証明書（健康保険証・住民票など）と⑥公共料金の領収証書を1点ずつ提出する、あるいは公的証明書2点を提出するという方法でも受け付けてくれます。

有効期限のない書類については、発行日から3か月以内の書類を使いましょう。また、画像はカラーで鮮明に撮影（またはスキャン）し、JPEG形式かPNG形式にして保存しましょう。白黒の画像や読み取りにくい画像、加工された画像などでは受け付けられないので注意してください。

SECTION

4-13

口座開設から購入手続きまで③

安全な取引のために二段階認証を設定しよう

●二段階認証で安全性を確保

二段階認証とは、ログイン時にメールアドレスとパスワードに加え、二段階認証トークン（パスコード）の入力も求めるようにするシステムです。

トークンは手元のスマホに表示されて短時間で変化するので、仮にメールアドレスやパスワードが悪意のある他人に知られてしまっても、トークンがわからない限りは、不正なログインを防げるわけです。

二段階認証の設定には、スマホのアプリを利用します。ザイフ（Zaif）の場合、Googleの「オーセンティケーター（Authenticator）」や、IIJ（インターネットイニシアティブ）社の「スマートキー（SmartKey）」などが対応しています。他のアプリ同様、App Store（iPhone）、Google Play（Android）から無料でダウンロードし、利用することができます。

なお、ログイン時に「このコンピュータを信頼する」にチェックすると、その端末では二段階認証なしでログインできるようになります。

ただし、この方法は手間が省けて便利ですが、自分以外の人が使う可能性のある端末では設定しないようにしましょう。

SECTION 4-14

口座開設から購入手続きまで④

スマホ・携帯電話で電話番号を認証しよう

●電話番号の登録・認証も必要

ザイフ（Zaif）では、本人確認の一環として、電話番号の登録・認証も必要です。電話番号認証のページで、スマホ・携帯電話の電話番号を送信すると、追ってSMS（ショートメッセージサービス）で6桁の電話番号認証コードが届きます。これを入力すれば完了です。

SMSは電話番号の送信後すぐに届きますので、手続きそのものは1分もあれば完了するはずです。もし届かない場合は、正しい電話番号を入力しているか、確認してみてください。

なお、SMSに対応していない電話やPHS、固定電話などでは利用できません。スマホや携帯電話を持っておらず、電話番号認証コードが受信できないという場合には、基本情報で登録した電話番号の「電話料金の支払証明」（料金明細書）の画像を送付することでも認証できます。

KEY WORD

セグウィット：「セグレケーティド・ウィットネス」の略。スケーラビリティ問題を解決するための施策の一つ。

トークン：「代替貨幣」の意。上場前に企業や組織が公募を行なう仮想通貨のことをトークンと呼ぶ。

SECTION 4-15

口座開設から購入手続きまで⑤

郵送で届く本人確認コードを入力しよう

●郵送による本人確認も必要

基本情報の登録が済み、提出した書類が承認されたら、ザイフ（Zaif）から登録した住所に本人確認コードの記載されたハガキが届きます。そのコードを入力すれば、郵送による本人確認が終了します。

以上、紹介した手順のとおりに手続きしていれば、すべての本人確認手続きが終了するはずです。

ハガキは、お住まいの地域や郵便事情などにもよりますが、おおよそ3日〜1週間程度で届くようです。

簡易書留なので、不在の場合は通常不在票が投かんされます。再配達・引き取りを忘れないようにしましょう。

ここまでのすべての手続きが終わると、画面に表示されているメールアドレスの隣に「認証済」という緑色のアイコンが表示されるようになります。これで、ザイフ（Zaif）が提供するすべての機能を利用することができるようになります。

ザイフ（Zaif）コイン積立の設定は、ここまで完了してから行ないます。これについては次項以降で解説します。

KEY WORD

半減期：マイニングによる報酬が半分に減額されること。インフレを防ぐために設けられている。

SECTION 4-16

口座開設から購入手続きまで⑥

購入代金の引き落とし口座を登録しよう

コイン積立をするには？

本章で紹介したとおり、ザイフ（Zaif）コイン積立では、毎月指定した金額が銀行口座から自動的に引き落とされるため、取引所の口座への入金の手間を省けます。

ザイフコイン積立を開始する前に、自分の銀行口座を登録して、口座振替の手続きを行ないましょう。

まずはサイトに口座名義と生年月日を入力し、金融機関名を選択します。そのうえで、店番号・口座番号・口座名義人名を入力します。

この後、画面が選択した銀行のウェブサイトに移動します。そこで、口座振替の申し込み手続きや本人確認などを行なえば手続き完了です。

注意点としては、銀行口座は、必ず自分名義（本人名義）のものにしなければならないことです。たとえ家族であっても、他人名義の銀行口座では登録はできません。

また、銀行のウェブサイトに登録を行なったあとには、「収納企業に戻る」のボタンを必ずクリックするようにしましょう。ウェブサイトでも「必ず押してください」などと目立つように書かれているかと思います。うっかり忘れると、登録が反映されない可能性がありますので、気をつけてください。

SECTION 4-17

口座開設から購入手続きまで⑦

どの仮想通貨をいくら購入するか

●いよいよ積み立てる仮想通貨を選ぶ

ザイフ（Zaif）コイン積立では、1000円以上1000円単位で仮想通貨を買い付けることができます。どの通貨をいくら購入するかは、自分で指定することができます。

「ザイフ（Zaif）コイン積立の設定」では、「お引き落とし予定」と「毎月の購入金額」を確認できます。

毎月の購入金額欄に、4つの通貨それぞれの購入金額を入力すると、その下の「購入金額合計」「購入手数料」が計算されて表示されます。この2つの合計金額が、毎月の引き落とし金額になります。問題なければ、「設定変更を保存する」をクリックします。

これで、ザイフ（Zaif）コイン積立の設定はすべて完了です。

毎月27日（土日祝日の場合は翌営業日）に代金が引き落とされ、翌月の10日〜翌々月9日までの土日祝日を含む1か月間、毎日少しずつ仮想通貨を買い付けます。

設定を変更したい場合は、毎月8日〜10日頃までに、「ザイフ（Zaif）コイン積立の設定」欄の金額を変更し、「設定変更を保存する」をクリックすれば、翌月から変更することができます。

BEST INTRODUCTION TO ECONOMY

5章 仮想通貨に投資する際の注意点

SECTION 5-1

話題のＩＣＯは詐欺に注意

証券会社や証券取引所などの審査を必要としない分、安全性が低い

●仮想通貨を用いた資金調達法

ＩＣＯとは「Initial Coin Offering（イニシャル・コイン・オファリング）」のことで、要するに仮想通貨を用いた資金調達法を意味しています。しくみは以下のとおりです。

まず、企業や団体が「トークン」と呼ばれる独自の仮想通貨を発行し、投資家は自分が保有しているビットコインやイーサリアムなどの仮想通貨で、トークンを購入します。そして、トークンを発行した企業・団体は、調達した仮想通貨を取引所で売却し、円などの法定通貨を手に入れて、プロジェクトなどの開発資金に充てるのです。

●ＩＰＯとＩＣＯはまったく異なる

世間的には、ＩＣＯを株式のＩＰＯ（Initial Public Offering）にたとえる傾向があります。「仮想通貨版のＩＰＯがＩＣＯです」などと説明されるのですが、両者はまったくの別物と考えたほうがいいでしょう。というのも、ＩＰＯとＩＣＯとでは、ハードルの高さ（条件や手続きの厳格さ）が雲泥の差で違うからです。

ただ、ハードルが低いということはＩＣＯのメリットのひとつでもあります。資金調達をする側からすれば、ＩＣＯはＩＰＯに比べて資金調達するためのコストが安く済むだけでなく、資金調達までに要する期間も数か月程度で完了します。

仮想通貨「COMSA」のホワイトペーパーの目次

COMSA Whitepaper Rev 1.3

目次

目次	1
概要	3
COMSAのトークンセール	3
トークンの機能とベネフィット	4
コミュニティ投票	5
CMSトークンのBurn	6
予算配分	6
ICO業界と市場	7
COMSAのICOソリューション	8
COMSAとその他の2017年度ICO案件	9
COMSAとは?	10
COMSA CORE	12
COMSA CORE = 変換ネットワーク	13
ゼロダウンタイムのCOMSA CORE	13
オラクル（モニター）	13
マルチシグ認証	14
COMSAコントローラー	14
監査用API	14
2層構造の勘定	
中央集権化の利点	
COMSA HUB	
法定通貨ペッグのトークン	
暗号通貨ペッグのトークン	
パブリックブロックチェーン上での商取引	
複数当事者間のワンタイム・スマート・コントラクト	
ネットワークフィー委任	
中央集権化されたサービスの需要	
日本のレギュレーション	
NEMとは	
Mijinとは	
Ethereumとは	
Zaifとは	

COMSA Whitepaper - © 2017 Te

COMSA Whitepaper Rev 1.3

テックビューロについて	21
テックビューロの経営陣	22
リーガル・アドバイザー	22
ICO協議会員	22
パートナー	23
日本テクノロジーベンチャーパートナーズ	23
インフォテリア株式会社	23
株式会社フィスコ	23
株式会社カイカ	23
アララ株式会社	24
COMSAに関するリソース	24
公式ウェブサイト	24
公式Telegram（日本語）	24
公式Slack	24
最新ホワイトペーパー	24
公式twitter	24
公式Facebook Page	24
COMSAのロードマップ	24
COMSAでよくある質問とその答え	24
COMSAとはどういう意味ですか?	24
ユースケース：「タレント電子トレーディングカード」	25
ユースケース：「VRワールド通貨」	26
ユースケース：「IoT認証と勘定」	27
更新履歴	29

COMSA Whitepaper - © 2017 Tech Bureau Corp. All Rights Reserved. - 2 -

ホワイトペーパーは具体的な様式は決まっていない。COMSAは表紙含め、全30ページで構成

一方、一般的にＩＰＯを行なう際は、３期前から準備に入ります。つまり3年は準備期間が必要になります。その間、ＩＰＯコンサルタントを選び、事業計画や資本政策を策定し、株式上場に必要なさまざまな書類を整備し、さらには内部統制の整備、外部監査法人の選定など、さまざまな準備を行なう必要があります。それだけ、時間もコストもかかるのです。

これに対してＩＣＯは、もっと手軽に資金調達ができます。手続きとしては、新たに発行するトークンの名称、発行スケジュール、資金調達の目的などを記載した「**ホワイトペーパー**」という文書を作成し、ＩＣＯの案件を掲載しているウェブサイト、自社のウェブサイトで告知をしたうえで、投資家に対してトークンを売り出します。

ホワイトペーパーは具体的な書式が決まっておらず、株式の上場では必ず行なわれる上場審査も一切ありません。そのため、コストを低く抑えられるのとともに、資金調達の手続きにかかる時間も短くて済むのです。

これは、資金を調達しようと思っている企業・団体にとっては、非常に有利な条件です。しかも、ＩＰＯの場合はある程度の企業規模が必要になりますが、ＩＣＯの場合は、極めて零細な企業・団体でも、ホワイトペーパーに書かれている内容に共感する投資家がいれば、簡単に資金調達ができます。

●悪意を持った企業・団体に注意

ただし、この簡単さがあだになるケースもあります。ＩＣＯを行なうにあたって、証券会社や証券取引所などの審査を必要としないため、悪意を持った企業・団体がＩＣＯを行なって資金を調達する詐欺のようなケースがあるのです。

つまり、ホワイトペーパーにはもっともら

しい目的を書き、資金調達が完了した後は、何もしないというパターンです。こうした詐欺行為が、ＩＣＯでは大手を振ってまかり通っているのです。

たしかに、ＩＣＯではさまざまな魅力的な特典が付いています。たとえば「プレセール」といって、本格的な募集が始まる前段階のセールが行なわれ、ここで購入すると、実際の公募価格に比べて50％安といった有利な条件でトークンを手に入れられるのです。こうした特典に釣られて、ＩＣＯに手を出してしまう人が大勢います。

しかし、ＩＣＯで手に入れたトークンが上場にこぎつけ、その価格がどんどん上昇するという保証はどこにもありません。ホワイトペーパーに書かれているプロジェクトが成功するかどうかもわかりません。

1章で紹介したとおり、ＩＣＯそのものを禁止している国はまだまだ多くあります。それは実際、詐欺的な事案が多く発生したからというのが大きいでしょう。日本でも金融庁が２０１７年10月に「ＩＣＯについて〜利用者及び事業者に対する注意喚起〜」で、価格下落の可能性・詐欺の可能性を指摘。取引に際しては十分注意するよう注意喚起を行なっています。

もちろん、なかには健全なＩＣＯもあるでしょう。しかし現状、正直なところをいえば、ＩＣＯには手を出さないほうが無難だと思います。

KEY WORD

IPO：Initial Public Offeringの略。一般的には新規株式公開といわれる。上場企業として値するかどうかという観点から、主幹事証券による引受審査と証券取引所による上場審査をクリアする必要がある。

ポートフォリオ：複数の銘柄の組み合わせ。分散投資法。資金を分散して投資することにより、リスクの低減を図る。"タマゴはひとつのカゴに盛るな"ということ。

SECTION 5-2

雑所得のわな

他の投資商品に比べて儲かったときの税率が高い

最高税率は55％

仮想通貨の売買で利益を得た場合、当然のことですが、納税義務が生じます。ただ、仮想通貨が他の金融商品税制と異なるのは、**雑所得**扱いであることです。

預貯金の利息に対してかかる税金は、20％の源泉分離課税です。ＦＸの売買益も、投資信託の値上がり益・分配金に対する税金も同様です。でも、仮想通貨の売買益に対する税金は、他の所得と合算して総合課税されますが、その税率は最高で55％（所得税45％、住民税10％）にもなります。しかも、株式やＦＸの取引で損失を被った場合は、翌年以降3年間にわたって損失の繰り越しができますが、仮想通貨の場合、損失の繰り越しは認められていません。つまり税金面で、非常に不利なのです。

所得税の計算期間は1月1日から12月31日までの1年間。この間に得た所得を合算し、それに対して一定率の税金が課せられます。それを翌年の2月16日から3月15日までに確定申告しなければなりません。

納税するための資金が手元にないケースも

もちろん、大儲けして利益が手元にあれば、たとえ最高で55％の税金がかかったとしても、得た利益を超す税金は取られませんから、手元に税引後の利益は残ります。しかし、こん

総合課税の所得税の計算例

給与所得300万円、所得控除100万円、
仮想通貨の利益800万円の人の所得税は？

※税率と控除額は1章の1-12の図表（58ページ）参照）

給与所得＋雑所得の合計から算出される所得税額

（300万円+800万円）－100万円=1000万円（課税される所得金額）

1000万円×33%－153万6000円=**176万4000円**……①

給与所得から算出される所得税額

300万円－100万円=200万円（課税される所得金額）

200万円×10%－9万7500円=**10万2500円**……②

給与所得の所得税は会社で支払っているので、引き算をする

①から②を引くと、雑所得の所得税の税額となる

176万4000円－10万2500円=**166万1500円**

株式やFXよりも税額が高くなりやすいので要注意！

出所：国税庁ホームページより著者作成

なケースは考えられないでしょうか。

1月1日から12月31日までの計算期間中、仮想通貨の取引で莫大な利益を得ました。きちんと利益確定をした後、他の仮想通貨に乗り換えて新しい年の取引を開始したところ、大暴落に遭い、得た利益の大半が吹き飛んでしまいました。

まるで2017年から2018年初頭までの値動きがそうでしたが、この場合、納税しようにも、すでに昨年の利益の大半が、暴落によって消し飛んでいますから、納税するための資金が手元にないという状況になりかねません。

ですから、1月1日から12月31日までの売買で利益が得られ、翌年新たに投資しようとする場合は、利益から税金分を差し引いた額で投資するようにしましょう。

そうしないと、新たな投資で大損を被った場合、納税するための資金がないという悲惨な事態に陥ります。

仮想通貨の売買で得た利益に対する課税は、税務署も厳しく目を光らせているので、申告せずに済ませることはできません。資金管理をしっかり行ない、納税資金は別枠で確保するようにしましょう。

ちなみに同一年において損失が生じた場合は、それを利益から差し引くことができます。し、複数の仮想通貨に分散投資している場合でも、損失を利益から差し引くことができます。たとえば、

ビットコイン：500万円の利益
イーサリアム：400万円の損失

という場合は、500万円－400万円＝100万円、ということで、100万円の利益に対して総合課税されます。

SECTION
5-3 レバレッジはかけないこと
大きく儲けられる可能性はあるが、破産してしまうこともある

●レバレッジは諸刃の剣

仮想通貨取引所のなかには、「**レバレッジ**」を効かせて取引できるところがあります。レバレッジとは「テコ」のことで、要するに少ない資金で大きな額の取引ができることと考えてください。たとえば「レバレッジ20倍」という場合、手元資金が100万円だったら、

100万円×20倍＝2000万円

つまり100万円の元本で2000万円の仮想通貨を買うことができるのです。ということは、大きく儲かる可能性が高まるわけです。

ただし、大きく儲かる可能性がある一方で、大きく損失を被るリスクもあることに注意してください。

ただでさえ、仮想通貨はボラティリティの高い投資対象になるので、それにレバレッジをかけることが、どれだけリスクの高い取引であるかを認識したうえで、利用するかどうかを判断するべきでしょう。

●価格変動が大きいことに注意

仮想通貨のボラティリティは、1日で10％を超えるともいわれています。つまり10％上昇することもあれば、10％値下がりすることもあるという意味です。

仮に10％のボラティリティだとしたら、それに20倍のレバレッジをかけると、元本に対して２００％のリターンが得られることもあれば、同２００％の損失を被るリスクもあることになります。２００％の損失ということは、元本以上の損失を被るということで、追加で資金を用意しなければなりません。

もちろん、そこまで損失額が膨らむ前に、ロスカットといって強制的に取引をストップさせられますが、それでも、かなり大きな損失を被ることになります。

仮想通貨そのもののボラティリティが、FXや株式などに比べてはるかに高いのですから、投資というスタンスでやるのであれば、それに上乗せしてレバレッジをかけてまで取引する必要はないと思います。

●レバレッジのイメージ

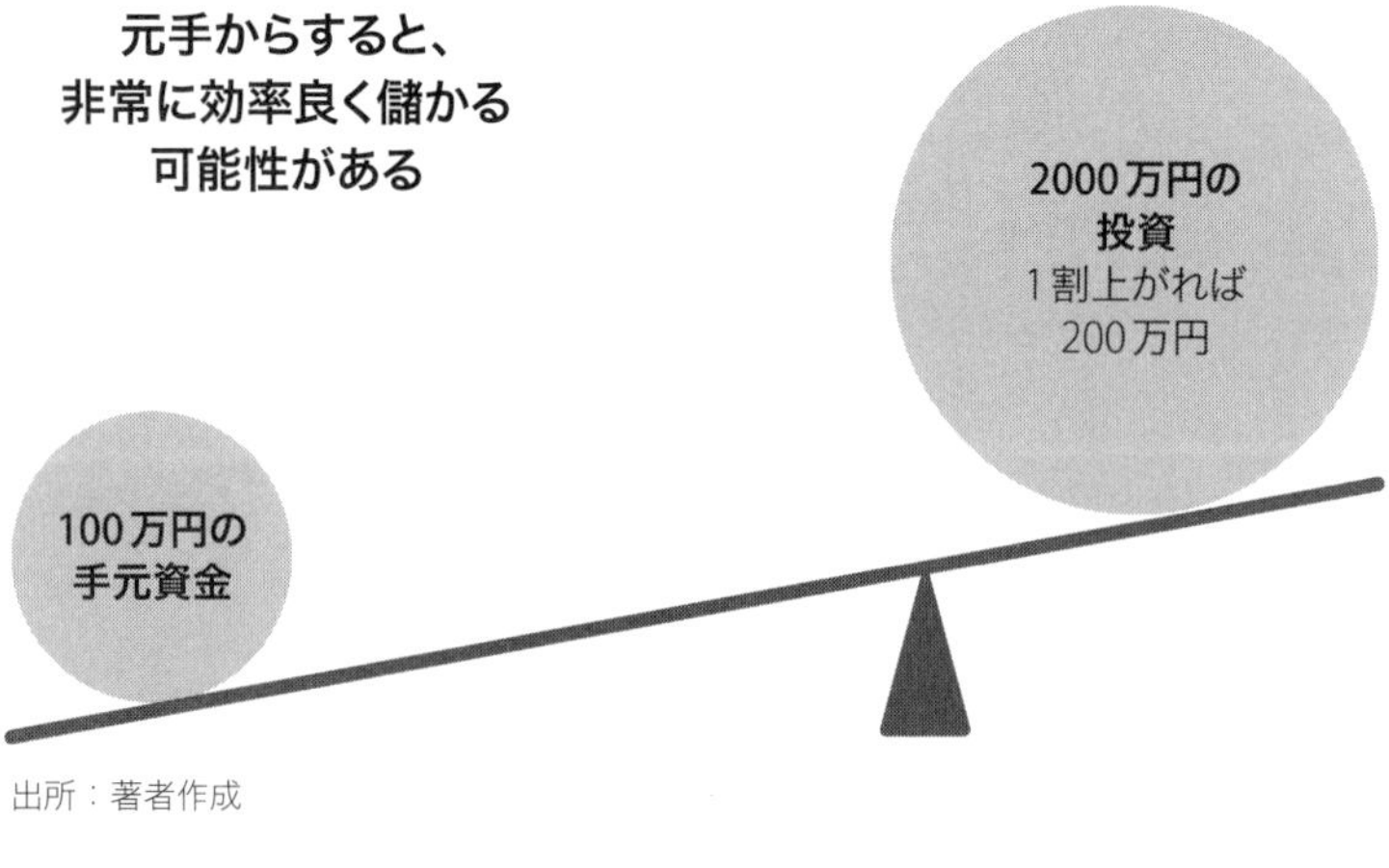

出所：著者作成

SECTION
5-4 ウォレットを紛失したら？

「秘密鍵」をメモして保管しておけば大丈夫

ウォレットには2種類ある

ウォレットには、常時ネットワークに接続された状態にある「**ホットウォレット**」と、ネットワークから切り離されている「**コールドウォレット**」があることは4章で触れたとおりです。

ホットウォレットの場合、ハッキングなどセキュリティの問題で、仮想通貨を抜き取られるリスクがあります。そのリスクを回避するためには、コールドウォレットを利用するべきですが、コールドウォレットにも問題はあります。それはウォレットを紛失することです。

たとえばコールドウォレットのなかには、USBでコンピュータに接続して使うハードウェアウォレットがありますが、これ自体を紛失したり、あるいは故障したりして使えなくなるケースがあります。その場合、ウォレットのなかに入っている仮想通貨はどうなってしまうのでしょうか。

ウォレットには「秘密鍵」が入っている

実は仮想通貨自体はそのままで変わりありません。というのも、「ウォレット」という名称は付いていますが、このなかには仮想通貨の現金情報は入っていないからです。あなたが持っている仮想通貨は、ブロックチェーンのなかに記録されています。

●ウォレットの中身は？

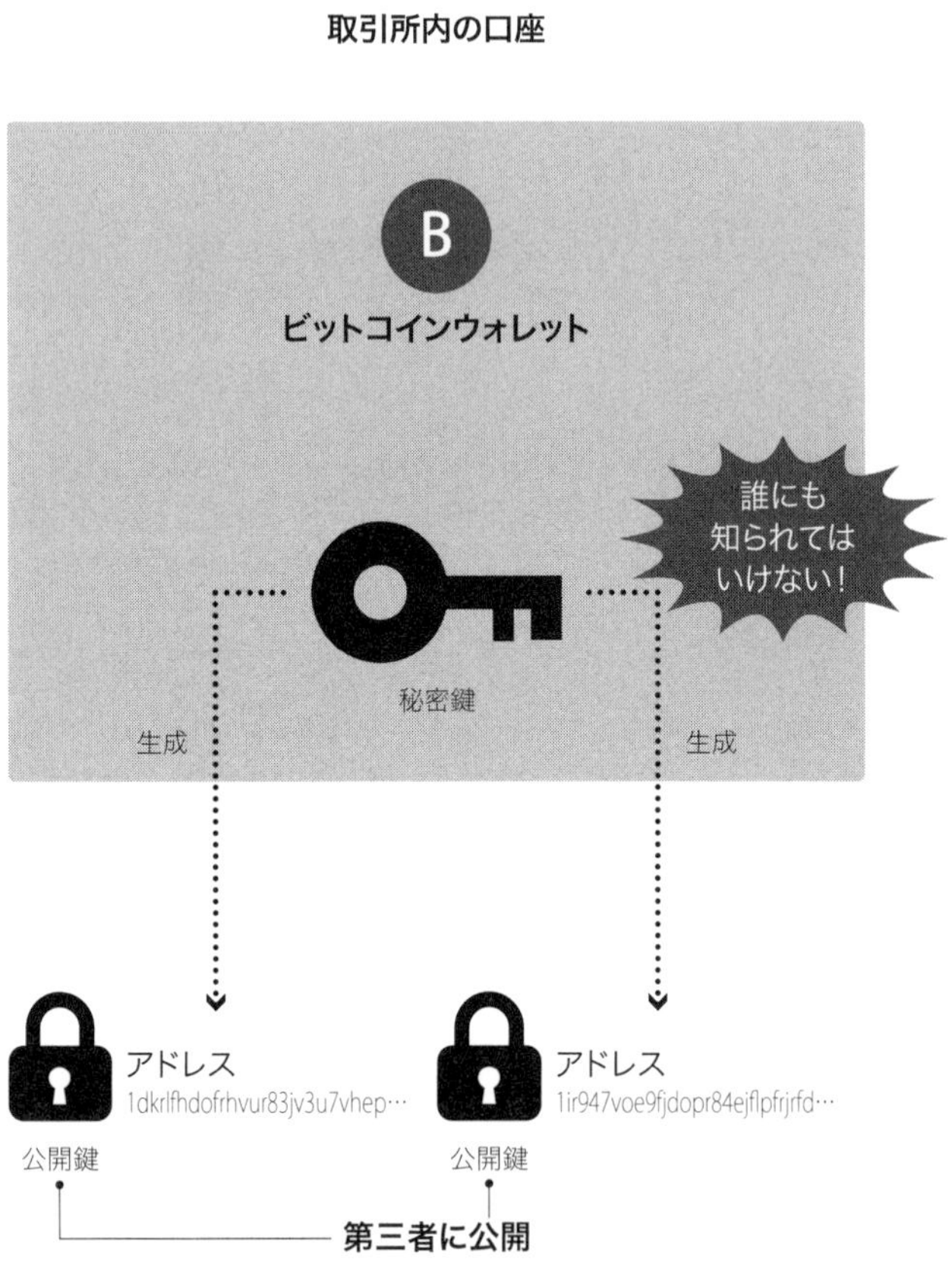

秘密鍵からつくった公開鍵を第三者に公開
アドレスをたどれば誰の鍵かわかる

出所：著者作成

では、ウォレットには何が入っているのかというと、ブロックチェーン上にある、あなたの仮想通貨情報を取り出すために必要な「秘密鍵」が入っているのです。秘密鍵は、仮想通貨の所有権を証明する唯一のものですから、これを失うと大変なことになってしまいます。

仮想通貨を売買したり、送金したりが一切、できなくなるのです。ということは、あなたが持っている仮想通貨が、ブロックチェーンのなかで永遠の眠りについてしまい、二度と引き出せなくなってしまうのです。

秘密鍵は、次のような英数字を組み合わせた文字列でつくられています。

5HpHagT65TZzG1OH3CSu74k8DbpvR8s
5ip4nEB3kQsreAnchuDf

これだけ長いものですから、暗記できる人はほとんどいないと思います。ですから、秘密鍵は自分でメモして、それを誰の眼にも触れないように、大事に管理する必要があります。秘密鍵をメモする際は、書き取りミスにならないよう、慎重に進めることが大事です。

秘密鍵を書いたメモは金庫にしまっておくか、インターネットにつながっていないカメラで撮影したものを、ＵＳＢなどに入れて保管しておくといいでしょう。保管先も複数に分散して置いておくと安心です。

この秘密鍵さえ紛失しなければ、ウォレットが故障しても、あるいは紛失しても、新しいウォレットを購入することで、いつでも復元できます。

秘密鍵の紛失は結構、事例が多いようです。２０１８年3月時点でマイニングされたビットコインは約１７００万ＢＴＣですが、このうち４３０万ＢＴＣが秘密鍵の紛失によって行方不明になっているそうです。

SECTION

5-5 通信が切れたり間違ったアドレスに送ってしまったりしたら？

送金した仮想通貨が戻ってこないことも……

複数のプロバイダを使うなどの対策を

仮想通貨はインターネットを介して取引所とつながり、取引が行なわれるため、通信環境の安定をいかに確保するかが大事になってきます。たとえば、契約しているプロバイダに何らかの障害が生じたり、メンテナンスしたりすることで、通信が途絶えるケースは、きちんと想定して、その対策を講じておく必要があります。

取引の途中で通信が途切れてしまうと、当然のことですが、そこから先の取引は通信障害などが解決しない限り、できなくなります。

そこで対策を講じるわけですが、おすすめは複数のプロバイダと契約し、メインで使っているプロバイダで障害が生じたとき、他のプロバイダに切り替えて取引を継続できる環境を整えておくことでしょう。また、自宅のパソコンで取引をする場合、無線ではなく有線のほうが安定します。

また、外出先では、公衆無線ＷｉＦｉは利用しないこと。悪意を持ったハッカーなどによって、メールアドレスやパスワードなどを抜き取られるリスクがあります。公衆無線ＷｉＦｉは、誰でも利用できるようにするため、安全度を低めに設定しています。それだけ悪意を持った人が入り込む隙があるのです。とくにパスワードを用いてログインするものは、公衆無線ＷｉＦｉではなく、契約しているモバイルW-iF-iルーターを使うようにしましょう。

誤った送金を取り消すことはできない

誤送金が起こるケースとしていちばん多いのは、送金先のアドレス間違えです。英数字の大文字、小文字が入り乱れた乱数のようになっているし、そもそも文字列が長いので、うっかりミスが起こるリスクがあります。

打ち込んだ送金先のアドレスが間違っていないかどうかをしっかり確認してから、送金手続きをするようにしましょう。

お金を慎重に扱う必要があることは昔もいまも変わりません。自分の資産なのですから、まずは自己防衛する意識をしっかりもつことが大事です。

とはいえ、誰にでもうっかりミスはあります。長いアドレスの一文字を抜かしてしまった、あるいは大文字と小文字を間違えたなど、自分の手でアドレスを打ち込む以上、ミスが生じるリスクはつきまといます。手入力はミスの元ですので、送金する際はURLをコピー&ペーストするか、QRコードを読み取るようにしましょう。

では、実際に間違ったアドレス送金手続きをしてしまった場合、どうなるでしょうか。この場合、2つの状況が考えられます。

第一に、間違って打ち込んだ送金先アドレスがこの世に存在していない場合。これなら送金されないので、送金元となった取引所に問い合わせましょう。そうすれば、全額を取り戻すことができます。

第二は、送金先アドレスが存在し、送金手続きが取られてしまった場合です。この場合、残念ながら手元に戻ってくる保証はありません。一度「受理された送金」は管理者が不在のため、取り消す事ができないですし、受け取り主は返金する義務はないからです。

ただ、すぐにあきらめず、とりあえずは送金元となった取引所に連絡してみましょう。送金が実行された場合、取引画面に「トランザクションＩＤ」が表示されますので、これも取引所に知らせておけば、取引所側も対応しやすくなります。もちろん、だからといって、受け取り主が親切な方でない限り、全額が戻ってくる保証はないのですが、この手続きで実際に戻ってきたという事例もあるようなので、やってみる価値はあると思います。

なお、取引所は昨今の金融庁による行政処分の対応など、誤送金だけでなく様々な対応に追われているようですので、時間はかかることは心得ておきましょう。

KEY WORD

ＩＣＯ：イニシャル・コイン・オファリングの略。企業や組織が独自のトークンを発行し、資金調達を行なうこと。

アルトコイン：「オルタナティブ・コイン」の略。ビットコイン以外の仮想通貨の総称。

●誤送信に気づいたら…

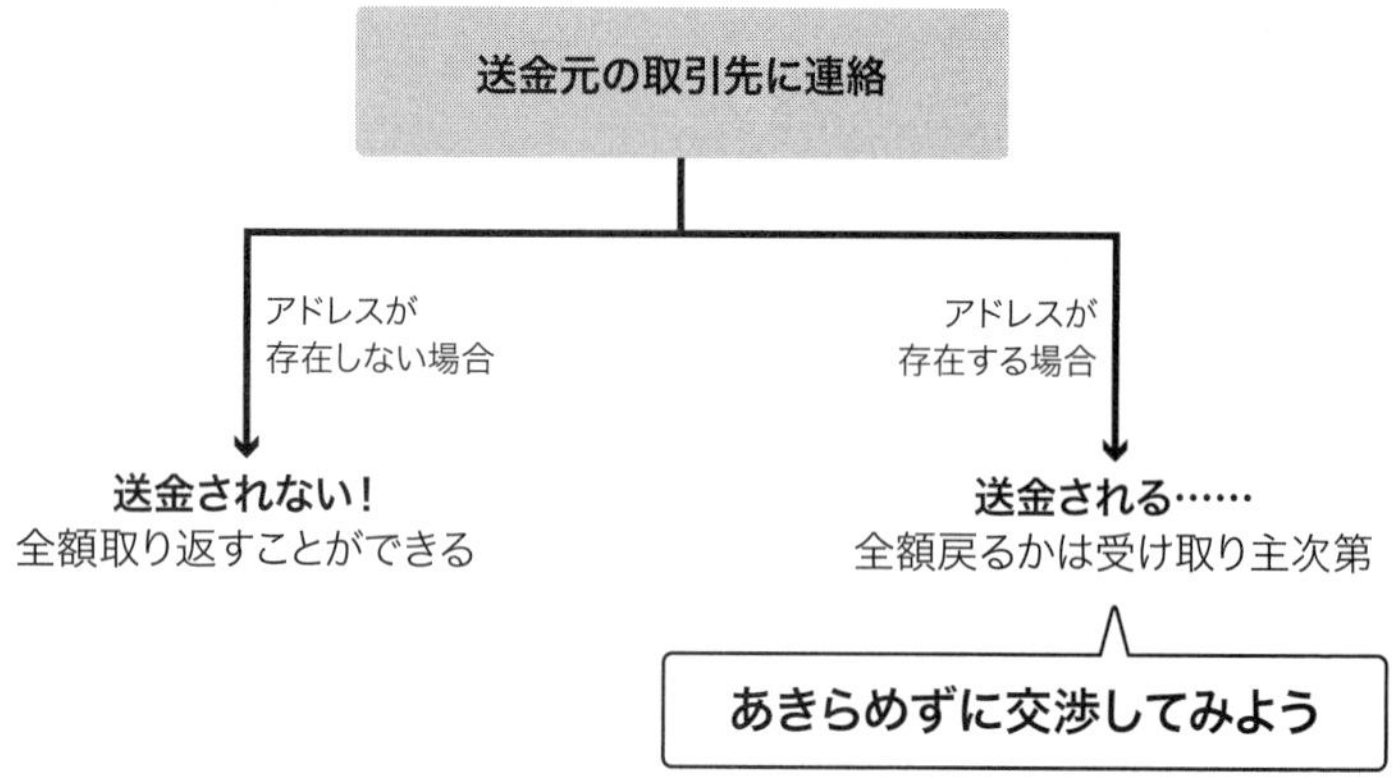

出所：著者作成

SECTION
5-6 取引所が破綻した場合はどうなるのか
分別管理がなされていれば大丈夫だが……

「取引所」の実態はただの一民間企業

世界中には多くの仮想通貨取引所があります。それも、規模が大きいところ、小さいところが入り混じっていて、財務状況も異なります。

取引所というと、東京証券取引所のような「公器」的な存在をイメージする人も多いと思います。セキュリティは万全で、何かトラブルがあったとしても、最後の最後には国が税金で助けてくれるような、極めて高い信用力を持ったところ、という感じでしょうか。

しかし、仮想通貨の取引所をそういうところだと思っているのだとしたら、いますぐに考え方を変えてください。

東京証券取引所や大阪証券取引所を擁する日本取引所グループが経営破綻する恐れありとなったら、おそらく国を挙げて救済措置を取ろうとするでしょう。

3600社もの企業が株式を上場しており、国内外からさまざまな投資家が取引に参加しているだけに、破綻にともなう影響が大きすぎるからです。

これに対して仮想通貨取引所には、「取引所」という名称がついているものの、実態からすれば一民間企業に過ぎません。それを国がいちいち救済したりはしません。つまり、仮想通貨取引所には一般の企業と同様に倒産リスクが存在します。

分別管理のルールは定められている

では、不幸にして取引している仮想通貨取引所が破綻した場合、預けてある資産はきちんと保全されるのでしょうか。

一応、2017年に施行された改正資金決済法では、投資家から預かっている現金および仮想通貨は、取引所の資産とは別に分別して管理しなければならない、というルールが設けられています。このように、仮想通貨取引所の資産とは**分別管理**されているなら、取引所が破綻したとしても、投資家の資産は保全されます。しかし、それはきちんと分別管理ができていればの話です。

仮想通貨取引所の場合、投資信託のように資産を信託銀行が管理するというしくみもありませんし、そもそもブロックチェーン上にある仮想通貨を、どのようにして分別管理すればいいのか、しくみとしてよくわからない点もあります。

セーフティネットはない

さらにいえば、銀行なら預金保険機構、証券会社なら日本投資者保護基金といった組織があり、そこが一定額まで保護してくれる制度がありますが、仮想通貨の場合、こうしたセーフティーネットが存在しません。

つまり仮想通貨取引所が破綻すると、預けてある現金、ならびに仮想通貨が全額戻ってこないケースも想定されるのです。

また、仮想通貨取引所が破綻に追い込まれる最大の要因は、経営難による財務体質の悪化よりも、ハッカーによる仮想通貨の盗難です。

これによって取引所の信用が一気に揺らぎ、破綻に追い込まれるのです。ということは、破綻する直前に、すでに取引所に預けてある仮想通貨は盗み出されており、その点においても、倒産した仮想通貨取引所に預けてある仮想通貨は、全額戻ってこない可能性が高いと考えられます。

　たしかに、コインチェックは投資家に対して、全額を返還しました。しかしそれは、たまたま会社に全額返還できるだけの資金があったからです。もし、それだけの余裕資金がない状況だったら、投資家の資産は毀損した恐れがあります。

　こうしたリスクを少しでも軽減させるためにはどうしたらいいのでしょうか。

　いちばんいい方法は、仮想通貨取引所に資産を預けておくにしても、それは最小限にとどめておき、コールドウォレットでネットワークから切り離した状態で、仮想通貨を保有しておくことです。

KEY WORD

草コイン：アルトコインのなかでも、時価総額が極めて小さい仮想通貨のこと。海外ではshit coinと呼ばれている。

スプレッド：通貨の買値（Ask）と売値（Bid）の差額。いわゆる取引所の手数料のこと。

●セーフティネットはない！

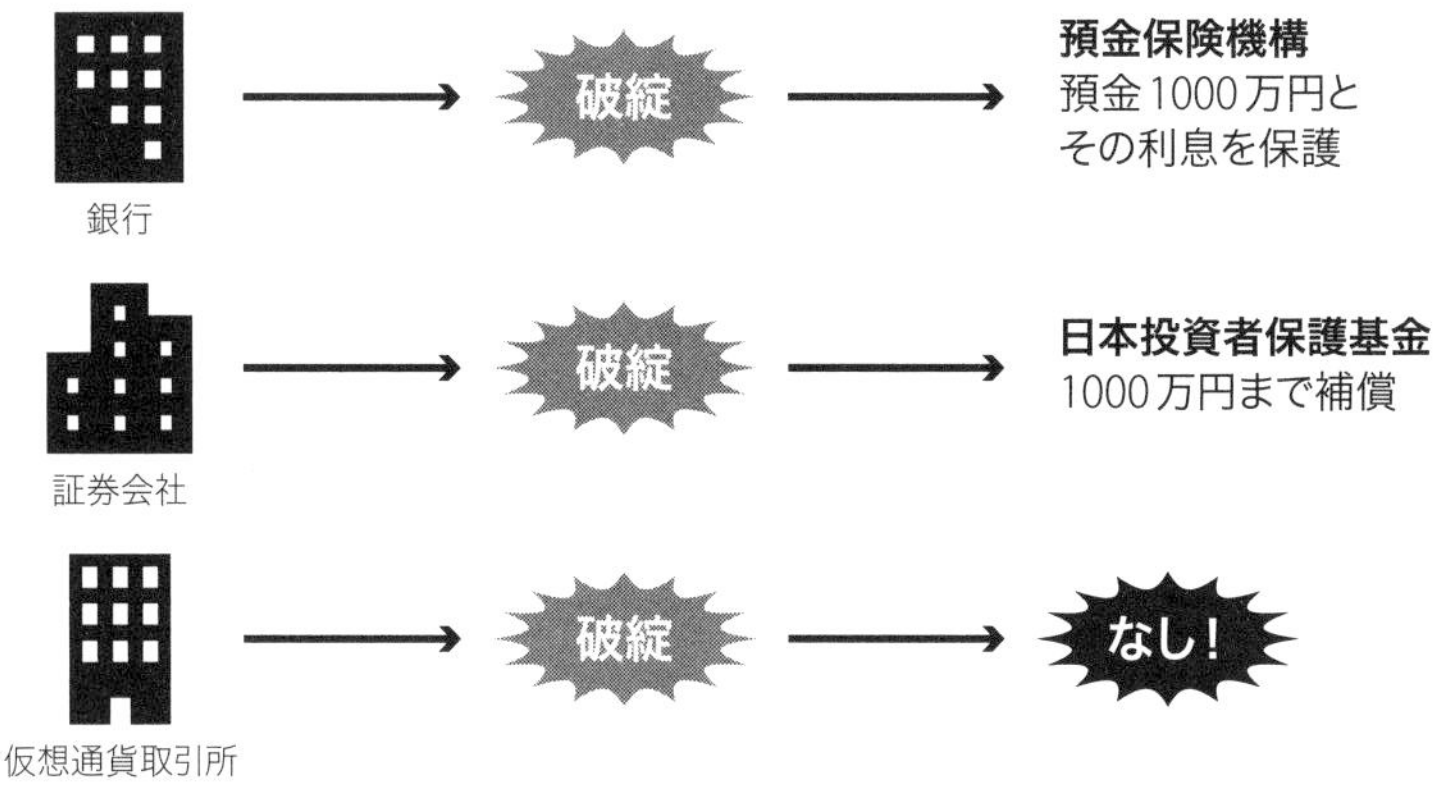

出所：著者作成

SECTION 5-7

取引所による価格差で儲けられる？

送金に時間がかかるので、現実的にはむずかしい

●異なる取引所で同じ仮想通貨を扱っている

国内の仮想通貨取引所はビットフライヤー（bitFlyer）、ザイフ（Zaif）、リキッドバイコイン（QUOINEX）、ビットバンク（bitbank）、GMOコインなどいくつかありますが、たとえばビットコインのように同一通貨であっても、取引所ごとに価格差が生じます。

この理屈はFXと同じです。FXも、たとえば米ドル／円という同一通貨ペアであっても、FX会社が異なればレートは違うものになります。

なぜなら、FX会社によってスプレッドに違いがあるからです。スプレッドはFX会社の収益になりますから、各FX会社がどの程度の収益をスプレッドから得たいのかによって、投資家に対して提示するレートも違ってくるのです。

ただし、あまりにもスプレッドが広いと、そのFX会社と取引する投資家がいなくなりますから、徐々に同じようなスプレッドに落ち着き、レートも同じような水準に収斂していきます。

したがって、仮想通貨も、各取引所によってスプレッドが異なりますから、価格差が生じるのは当然のことです。

●価格差で儲けることは可能か？

この価格差を利用して、取引所の**アービト**

2つの取引所の価格差を狙う

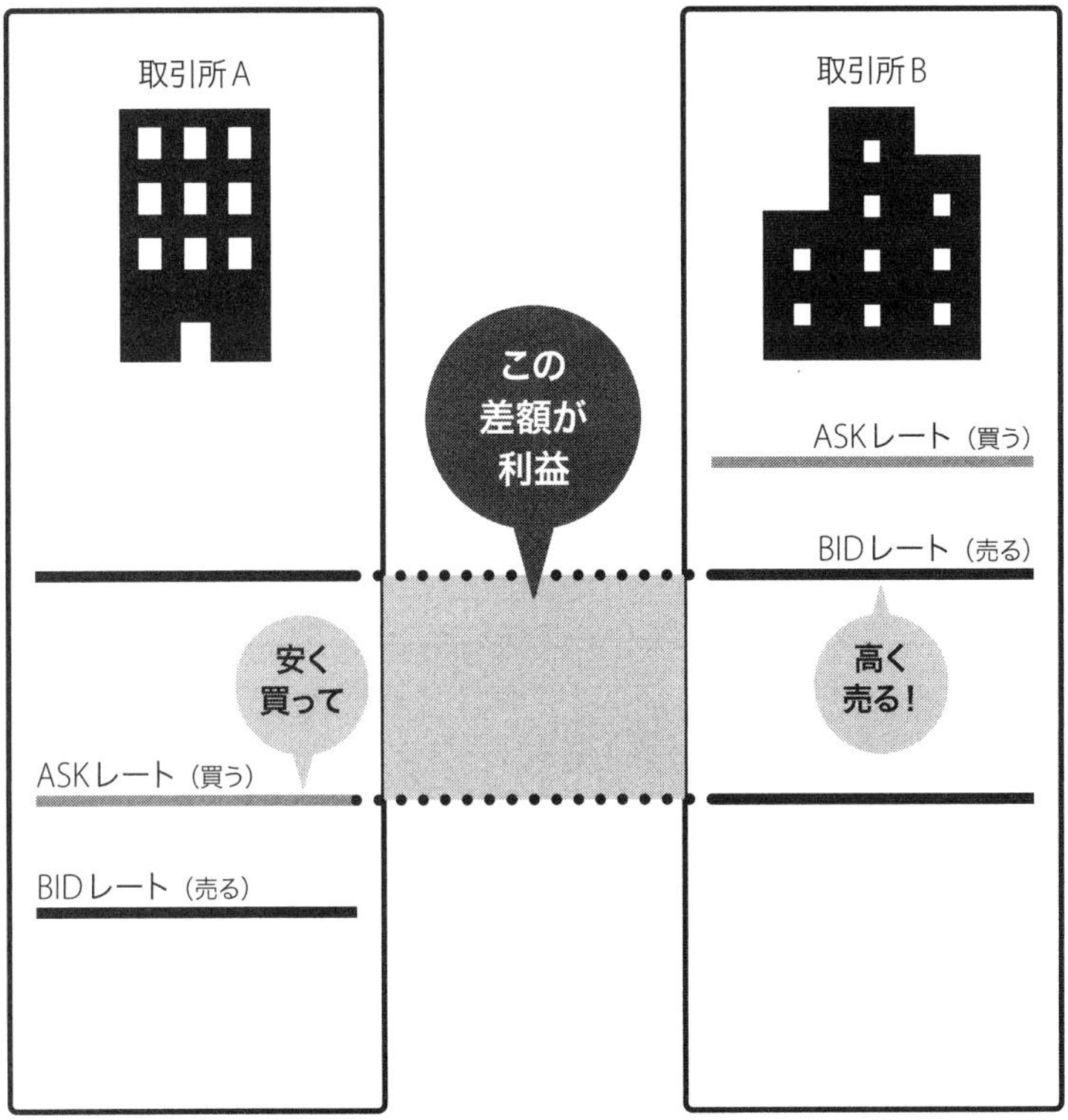

出所：著者作成

KEY WORD

スマートコントラクト：契約の条件確認から実行までを自動的に実行させるプロトコル。
レバレッジ：「テコの力」の意味。少ない資金で大きな金額の投資ができる投資手法。そのぶん、リスクも大きくなる。

ラージ（裁定取引）を行なうことが可能ではないかという意見もあります。

たとえばビットコインの価格が、次のようだとしましょう。

取引所A＝80万円（売値、BID）**／81万**（買値、ASK）

取引所B＝82万5000円（売値、BID）**／84万円**（買値、ASK）

ここでいう売値、買値は、投資家にとっての売値、買値と考えてください。このような価格が、取引所Aと取引所Bとで同時に提示されていたら、ちょっとかしこいあなたはこう考えるのではないでしょうか。

「取引所Aを通じてビットコインを81万円で買った後、同時に取引所Bを通じて82万5000円で売れば、1万5000円の価格差を取ることができる」

ただ、これが意外とむずかしいのも事実です。というのも、取引所Aで買い付けたビットコインを取引所Bに送金して売却するわけですが、その送金に時間がかかるからです。

送金が瞬時に終わり、ほぼ同時に売却できるなら、現在の価格差で利益を確定できるはずですが、おそらくビットコインを送金するあいだに、30分くらい時間が経過しているかもしれません。

仮想通貨のように価格変動が激しい投資対象の場合、30分という時間のずれは、かなり致命的です。この間にビットコインの価格が下落すれば、1万5000円の価格差は簡単に埋まってしまいます。

このように、取引所によって同一の仮想通貨であっても価格差はあるのですが、それを利用したアービトラージは、できそうでできないというのが現実です。

分別管理……………………… 200

へ

平均購入価格………………… 159
ペイメントチャネル…………… 094
ペーパーウォレット ………… 165
ペッグ通貨 …………………… 124

ほ

ポイント ……………………… 031
法定通貨……………………… 014
法令・税制リスク …………… 140
ポートフォリオ ………… 156, 187
保存機能……………………… 015
ホットウォレット … 052, 151, 164, 193
ボラティリティ ……………… 048
ホワイトハッカー ……… 056, 132
ホワイトペーパー …………… 186
本人確認書類………………… 177

ま

マイクロペイメント…………… 093
マイナー ……………………… 019
マイニング ……………… 019, 041
マイニングプール …………… 081
マイニング用パソコン………… 069
マネーロンダリング …… 056, 134
マルチシグネチャ …………… 153

み

みなし仮想通貨交換業者 …… 149

も

モナコイン …………………… 123
モネロ ………………………… 130
モバイルウォレット ………… 165

ら

ライトコイン …………… 111, 119
ライトニングネットワーク …… 094
乱高下………………………… 168

り

リスク ………………………… 120
リップル ………………… 117, 155
リプレイアタック …………… 082
リプレイ攻撃 ………………… 082
流動性リスク ………………… 139

れ

レバレッジ ……………… 191, 203

電子署名…… 018
電子マネー …… 027

と

トークン …… 179
匿名コイン …… 128
トランザクション…… 071
取引所…… 136
取引所取引…… 043
取引手数料…… 144
ドルコスト平均法 …… 159
ドルペッグ通貨 …… 124
トレンド …… 160

な

成行注文…… 042

に

二段階認証…… 178
二段階認証ログイン …… 153
入出金手数料…… 141

ね

ネム…… 120

の

ノード …… 081

は

ハードウェアウォレット …… 165
ハードフォーク …… 073, 111, 167
ハッキング …… 051
発行団体…… 028
ハッシュ …… 064
ハッシュレート …… 066
半減期…… 034, 090, 169, 180
販売所…… 136
販売所取引…… 043

ひ

ビザンチン将軍問題 …… 086
ビットコイン …… 010, 115
ビットコイン2.0 …… 156
ビットコイン・キャッシュ… 112, 118
ビットコイン・ゴールド …… 112
ビットコイン・ダイヤモンド … 112
秘密鍵…… 134, 153
評価益…… 171
評価損…… 171

ふ

ファクトム …… 121
不正アクセス …… 052
プルーフ・オブ・インポータンス… 070
プルーフ・オブ・ステーク …… 070, 089
プルーフ・オブ・リザーブ … 124
プルーフ・オブ・ワーク… 019, 068
ブロックサイズ …… 073, 075
ブロックチェーン …… 019, 062
ブロックの承認 …… 069

共通ポイント …………………… 034
金 …………………………… 035

く

草コイン ………………………… 201
クリプト・カレンシー ………… 098

け

ゲーム内通貨 …………………… 033

こ

コアサテライト戦略 ………… 161
公開鍵 ……………… 134, 153, 163
交換機能 ………………………… 015
コールドウォレット …………………… 052, 151, 164, 193
誤送金 …………………………… 166
コンセンサス・アルゴリズム ……… 068, 089

さ

指値注文 ………………………… 042
雑所得 …………………… 057, 188
サトシ・ナカモト …………… 010

し

ジーキャッシュ ……………… 131
資金決済法 ……………………… 057
システムリスク ……………… 140
自動引き落としサービス …… 160
尺度機能 ………………………… 015
譲渡 ……………………………… 057
承認 ……………………………… 069
所得税 …………………………… 057
申告分離課税 …………………… 170

す

スケーラビリティ問題 ……… 174
ステーブルコイン …………… 124
スプレッド ……………… 144, 201
スマートコントラクト …… 116, 203

せ

生体認証 ………………………… 174
セグウィット …………… 074, 179

そ

総合課税 ………………… 059, 170
相続 ……………………………… 059
贈与 ……………………………… 059
ソフトフォーク ………… 075, 111

た

台帳 ……………………………… 062
ダッシュ ………………………… 130

つ

通貨単位 ………………………… 023
積立投資 ………………………… 157

て

テザー …………………………… 124
デジタルゴールド …………… 035
デスクトップウォレット …… 165
デフレ通貨 ……………… 092, 172

INDEX — 索引

数字

51%問題 …… 079, 113

アルファベット

Authenticatorアプリ …… 153
coin …… 127
DAO …… 084
GMO Japanese YEN …… 127
ICO …… 105, 184, 198
IPO …… 187
Jコイン …… 127
P2Pネットワーク …… 089
Sコイン …… 127
Verge …… 105

あ

アービトラージ …… 202
預入・払出手数料 …… 143
アルトコイン …… 103, 198
暗号通貨 …… 098

い

イーサリアム …… 116, 155
イーサリアムクラシック …… 122
インフレ通貨 …… 093, 172

う

ウェブウォレット …… 164
ウォレット …… 030, 052, 064

え

円ペッグ通貨 …… 127

お

オーセンティケータアプリ …… 153
お金 …… 013

か

海外送金 …… 030, 038
改正金融商品取引法 …… 049
カウンターパーティリスク …… 140
価格変動リスク …… 127, 138
確定申告 …… 057
仮想通貨交換業者 …… 145, 149
仮想通貨入金用アドレス …… 163
株式分割 …… 114
為替レート …… 014
管理者 …… 028

き

キャッシュレス決済 …… 127
キャピタルゲイン …… 168

頼藤太希（よりふじ　たいき）

㈱Money&You代表取締役社長／マネーコンサルタント。

慶應義塾大学経済学部卒業後、外資系生保にて資産運用リスク管理業務に従事。2015年にMoney&Youを創業し、現職へ。女性向けWEBメディア「FP Cafe®」や「Mocha（モカ）」を運営。マネーコンサルタントとして、資産運用・税金・Fintechなどに関する執筆・監修、書籍、講演などマネーリテラシー向上に努めている。

『税制優遇のおいしいいただき方』（きんざい）、『投資信託　勝ちたいならこの7本!』（河出書房新社）、『人生100年時代!　月5000円から始める50代からのお金の増やし方』（宝島社）、『3000円を積み立てる仮想通貨入門』（スタンダーズ）など著書・監修書多数。

日本証券アナリスト協会検定会員、ファイナンシャルプランナー（AFP）、日本アクチュアリー会研究会員、金融工学コースシグマ1級検定。

㈱Money&YouのHP：https://moneyandyou.jp/
FP Cafe：https://fpcafe.jp/
Mocha：https://fpcafe.jp/mocha
マネラジ。：https://fpcafe.jp/mocha/features/radio
Money&You TV：https://fpcafe.jp/mocha/features/mytv

見《み》る・読《よ》む・深《ふか》く・わかる
入門《にゅうもん》 仮想通貨《かそうつうか》のしくみ

2019年 2 月10日　初版発行

著　者　頼藤太希
発行者　吉田啓二

発行所　株式会社日本実業出版社　東京都新宿区市谷本村町3-29 〒162-0845
大阪市北区西天満6-8-1 〒530-0047
編集部 ☎03-3268-5651
営業部 ☎03-3268-5161　振　替　00170-1-25349
https://www.njg.co.jp/

印刷／理想社　製本／若林製本

この本の内容についてのお問合せは、書面かFAX（03-3268-0832）にてお願い致します。

落丁・乱丁本は、送料小社負担にて、お取り替え致します。

ISBN 978-4-534-05663-4 Printed in JAPAN